大方廣佛華嚴經

일러두기

1. 『대방광불화엄경 강설』원문原文의 저본底本은 근세에 교정이 가장 잘 되었다고 정평이 나 있는 대만臺灣의 불타교육기금회佛陀教育基金會에서 출판한 『화엄경소초華嚴經疏鈔』본입니다.

2. 『대방광불화엄경 강설』은 실차난타實叉難陀가 695년부터 699년까지 4년에 걸쳐 번역해 낸 80권본卷本 『대방광불화엄경』을 우리말로 옮기고 강설을 붙인 것입니다.

3. 『대방광불화엄경』은 애초 산스크리트에서 한역漢譯된 경전이지만 현재 산스크리트본은 소실된 상태입니다. 산스크리트를 음차한 경우 굳이 원래 소리를 표기하려고 하기보다는 『표준국어대사전』이나 『불교사전』등에 등재된 한자음을 사용하는 것을 원칙으로 하였습니다.

4. 경문의 한글 번역은 동국역경원본을 참고하여 그대로 또는 첨삭을 하며 의미대로 번역하고 다듬었습니다.

5. 각 품마다 내용에 따라 단락을 나누고 제목을 달았습니다. 단락의 제목은 주로 청량清凉스님의 견해에 기초하였고 이통현李通玄장자의 견해를 참고로 하였습니다.

6. 『대방광불화엄경 강설』의 발행 순서는 한역 경전의 편재 순서를 기준으로 하였고 각 권은 단행본 한 권씩으로 출간될 예정이며 모두 80권으로 완간됩니다. 다만 80권본에 빠져 있는 「보현행원품」은 80권본 완역 및 강설 후 시리즈에 포함돼 추가될 예정입니다.

7. 『대방광불화엄경 강설』안에서 불교용어를 풀이한 것은 운허스님이 저술하고 동국역경원에서 편찬한 『불교사전』을 인용하였습니다.

8. 각주의 청량스님의 소疏는 대만에서 입력한 大方廣佛華嚴經 사이트의 것을 사용하였습니다.

9. 『대방광불화엄경 강설』입법계품에 들어가는 문수지남도는 북송北宋시대 불국佛國 선사가 선재동자가 53명의 선지식을 친견하여 법을 구하는 장면을 하나하나 그림으로 그린 것입니다.

대방광불화엄경 강설
제 46 권

三十三. 불부사의법품佛不思議法品 1

실차난타實叉難陀 한역
무비스님 강설

서문

불가사의하여라, 여래如來이시여!

불가사의하여라, 응공應供이시여!

불가사의하여라, 정변지正遍知이시여!

불가사의하여라, 명행족明行足이시여!

불가사의하여라, 선서善逝이시여!

불가사의하여라, 세간해世間解이시여!

불가사의하여라, 무상사無上士이시여!

불가사의하여라, 조어장부調御丈夫이시여!

불가사의하여라, 천인사天人師이시여!

불가사의하여라, 불세존佛世尊이시여!

아무리 불가사의하다 한들 어찌 그 공덕을 다 찬탄할 수 있겠습니까?

불가사의하여라.
불가사의하여라.
오직 불가사의할 뿐입니다.

2016년 8월 15일
신라 화엄종찰 금정산 범어사
如天 無比

대방광불화엄경 목차

대방광불화엄경 강설 제46권

三十三. 불부사의법품佛不思議法品 1

대방광불화엄경 강설

제46권

三十三. 불부사의법품 1

불부사의법품佛不思議法品이란 부처님의 불가사의한 공덕을 드러내어 밝히는 품이다. 그러나 사실에 있어서는 사람 사람의 진여자성 안에 본래로 갖추고 있는 무한하며 온갖 미묘한 공덕을 밖으로 드러냈을 때 그것을 부처님의 불가사의한 공덕이라 한다.

부처님의 차별한 원인[佛因]과 차별한 불과佛果를 밝히면서 부처님의 미묘한 깨달음의 경지[妙覺]를 그대로 드러내 보이는 내용이다. 그 내용을 먼저 보살들이 마음속에 생각하고 있던 것을 하나하나 질문하는 형식을 빌려 밝히고 청련화장靑蓮華藏보살이 그 질문에 대하여 자세히 설법한다.

실로 사람 사람이 본래로 갖춘 진여자성 부처님의 불가사의한 능력과 공덕은 그야말로 만행萬行을 갖추고 만덕萬德을 갖추었다. 흔히 '한 물건'이라고도 하고 '한마음'이라고도 하고 '차별 없는 참사람'이라고도 하고 '참나'라고도 하고 '법신 부처님'이라고도 하는 그 진여당체가 갖추고 있는 공능을 무어라 표현할 수 없어서 한마디로 '불가사의하다.'고 한 것이다. 참으로 일법천명—法千名이다. 매우 불가사의하기 때문에 그와 같은 이름으로도 다 표현되지 않는다.

얼마나 불가사의한가. 아무리 불가사의하다 하더라도 끝내 말할 수 없이 말할 수 없고, 다시 말할 수 없이 말할 수 없을 뿐이다.

1. 보살들이 생각으로
   열 가지 법을 청하다

이시대회중   유제보살   작시념   제불국
爾時大會中에 **有諸菩薩**이 **作是念**호대 **諸佛國**

토   운하부사의   제불본원   운하부사의   제
土가 **云何不思議**며 **諸佛本願**이 **云何不思議**며 **諸**

불종성   운하부사의   제불출현   운하부사의
佛種性이 **云何不思議**며 **諸佛出現**이 **云何不思議**

      제불신   운하부사의
며 **諸佛身**이 **云何不思議**며

그때에 모인 대중 가운데서 여러 보살들이 이렇게
생각하였습니다. '모든 부처님의 국토를 어찌하여 헤아
릴 수 없으며, 모든 부처님의 본래 소원을 어찌하여 헤
아릴 수 없으며, 모든 부처님의 종성種性을 어찌하여 헤
아릴 수 없으며, 모든 부처님의 나타나심을 어찌하여

헤아릴 수 없으며, 모든 부처님의 몸을 어찌하여 헤아리 수 없는가.'

　부처님의 무한하고 불가사의한 공덕의 본체와 작용을 모두 드러내 보이는 설법은 모든 보살들이 함께 궁금해하는 바이다. 그래서 모든 보살들이 마음속으로 생각하는 것을 밝히는 것으로부터 시작하였다. "모든 부처님의 국토를 어찌하여 헤아릴 수 없으며, 모든 부처님의 본래 소원을 어찌하여 헤아릴 수 없으며, 모든 부처님의 종성과 나타나심과 몸을 어찌하여 헤아릴 수 없는가?"

　　제불음성　　운하부사의　　제불지혜　　운하부
　諸佛音聲이 云何不思議며 諸佛智慧가 云何不

사의　　제불자재　　운하부사의　　제불무애　　운
思議며 諸佛自在가 云何不思議며 諸佛無礙가 云

하부사의　　제불해탈　　운하부사의
何不思議며 諸佛解脫이 云何不思議오

　'모든 부처님의 음성을 어찌하여 헤아릴 수 없으며,

모든 부처님의 지혜를 어찌하여 헤아릴 수 없으며, 모든 부처님의 자유자재하심을 어찌하여 헤아릴 수 없으며, 모든 부처님의 걸림 없음을 어찌하여 헤아릴 수 없으며, 모든 부처님의 해탈을 어찌하여 헤아릴 수 없는가.'

"모든 부처님의 음성과 지혜와 자유자재하심과 걸림 없음과 해탈 등을 어찌하여 헤아릴 수 없는가?" 보살들이 이와 같이 속으로 궁금해하는 것으로부터 시작하여 부처님의 불가사의한 덕을 열 가지로 정리하여 밝혔다.

2. 세존이 가피를 내리다

이시세존 지제보살심지소념 즉이신
爾時世尊이 知諸菩薩心之所念하시고 則以神

력가지 지혜섭수 광명조요 위세충
力加持하사대 智慧攝受하며 光明照耀하며 威勢充

만 영청련화장보살 주불무외 입불법
滿하사 令青蓮華藏菩薩로 住佛無畏하며 入佛法

계 획불위덕 신통자재 득불무애
界하며 獲佛威德하며 神通自在하며 得佛無礙하며

광대관찰 지일체불종성차제 주불가설
廣大觀察하며 知一切佛種性次第하며 住不可說

불법방편
佛法方便게하시니라

그때에 세존께서 모든 보살들의 마음에 생각함을 아
시고 곧 신통력으로 가피[加持]하여 지혜로 섭수하며, 광
명으로 비추며, 위엄으로 가득하게 하시어 청련화장青蓮

華藏보살로 하여금 부처님의 두려움 없는 데 머물게 하며, 부처님의 법계에 들어가서 부처님의 위엄과 공덕을 얻게 하며, 신통을 자유자재하게 하며, 부처님의 걸림 없고 광대하게 관찰함을 얻게 하며, 일체 모든 부처님의 종성을 차례로 알게 하며, 말할 수 없는 부처님 법의 방편에 머물게 하시었습니다.

어떤 불사든지 불사를 하기 전에 반드시 불보살들의 가피와 천룡팔부의 가호를 청한다. 부처님의 궁극의 경지, 즉 묘각妙覺의 경지가 불가사의함을 드러내려면 그 법을 설하기 전에 반드시 세존의 가피가 있게 마련이다. 그래서 세존께서 보살들의 마음에 생각하는 바를 아시고 곧 법을 설하게 될 청련화장靑蓮華藏보살에게 신통력으로 가피하셨다.

3. 청련화장보살이 증득한 법과
   법을 설하는 까닭

이시 청련화장보살 즉능통달무애법계
爾時에 **靑蓮華藏菩薩**이 **則能通達無礙法界**

즉능안주이장심행 즉능성만보현대원
하며 **則能安住離障深行**하며 **則能成滿普賢大願**

즉능지견일체불법 이대비심 관찰중
하며 **則能知見一切佛法**하여 **以大悲心**으로 **觀察衆**

생 욕령청정 정근수습 무유염태 수
生하야 **欲令淸淨**하며 **精勤修習**하야 **無有厭怠**하며 **受**

행일체제보살법 어일념중 출생불지 해
行一切諸菩薩法하며 **於一念中**에 **出生佛智**하며 **解**

료일체무진지문 총지변재 개실구족
了一切無盡智門하며 **總持辯才**가 **皆悉具足**하시니라

그때에 청련화장靑蓮華藏보살이 능히 걸림 없는 법계를

통달하고, 장애를 여읜 깊은 행行에 편안히 머물고, 보현의 큰 서원을 만족하고, 모든 부처님의 법을 알아보고, 크게 가엾이 여기는 마음으로 중생을 살펴보고 청정케 하려 하며, 부지런히 수행하여 게으르지 않게 하며, 모든 보살의 법을 받아 행하게 하며, 잠깐 동안에 부처님의 지혜를 내어 모든 다하지 않은 지혜의 문을 알게 하며, 모두 지니는 일과 변재를 다 구족하게 하였습니다.

청련화장보살이 증득한 법을 밝히고 스스로 부처님의 불가사의한 법을 설하는 까닭을 간단히 밝혔다. "능히 걸림 없는 법계를 통달하고, 장애를 여읜 깊은 행行에 편안히 머물고, 보현의 큰 서원을 만족하고, 모든 부처님의 법을 알아보는 것"은 법을 증득한 내용이다. 그리고 "크게 가엾이 여기는 마음으로 중생들을 살펴보고 청정케 하려 하며, 부지런히 수행하여 게으르지 않게 하며, 모든 보살들의 법을 받아 행하게 하며, 잠깐 동안에 부처님의 지혜를 내어 모든 다하지 않은 지혜의 문을 알게 하며, 모두 지니는 일과 변재를 다 구족하게 하는 것"은 부처님의 불가사의한 법을 설하게 된 까닭을 밝힌 것이다.

4. 법을 설하다

1) 국토를 답하다

(1) 법계에 상주함을 밝히다

승불신력   고연화장보살언   불자   제
承佛神力하야 **告蓮華藏菩薩言**하사대 **佛子**야 **諸**

불세존   유무량주   소위상주   대비주   종
佛世尊이 **有無量住**하시니 **所謂常住**며 **大悲住**며 **種**

종신작제불사주   평등의전정법륜주
種身作諸佛事住며 **平等意轉淨法輪住**며

부처님의 신통한 힘을 받들어 연화장蓮華藏보살에게
말하였습니다. "불자여, 모든 부처님 세존께는 한량없
는 머무름이 있으니, 이른바 항상 머무름이며, 크게 가
엾이 여기는 머무름이며, 가지가지 몸으로 모든 불사佛
事를 짓는 머무름이며, 평등한 뜻으로 청정한 법륜을 굴

리는 머무름이니라."

부처님의 무한하고 불가사의한 공덕을 드러내는 설법이 시작되었다. 앞에서 모든 보살들이 부처님의 불가사의한 공덕 가운데 먼저 "모든 부처님의 국토는 어찌하여 헤아릴 수 없는가?"라고 하며 국토에 대해 궁금해하였다. 국토란 부처님이 머무는 곳이다. 부처님은 과연 어디에 머무는가.

먼저 부처님은 우주 법계에 항상 머무신다. 안 계시는 순간이 없다. 공간적으로 가득하고 시간적으로 가득하다. 또 중생들을 크게 가엾이 여기는 마음에 머문다. 각양각색의 중생을 제도하려면 가지가지 몸이 필요하다. 그래서 또 가지가지 몸으로 불사를 짓는 데 머문다. 또 중생을 차별하지 않는 평등한 뜻으로 청정한 법륜을 굴리는 데 머문다. 이것이 부처님이 머무시는 국토들이다.

사 변 재 설 무 량 법 주　부 사 의 일 체 불 법 주　청
四辯才說無量法住며 不思議一切佛法住며 淸

정 음 변 무 량 토 주　　불 가 설 심 심 법 계 주　　현 일
淨音徧無量土住며 不可說甚深法界住며 現一

체 최 승 신 통 주　　능 개 시 무 유 장 애 구 경 지 법
切最勝神通住로 能開示無有障礙究竟之法이니라

　"네 가지 변재로 한량없는 법을 설하는 머무름이며,
헤아릴 수 없는 일체 부처님 법에 머무름이며, 청정한
음성으로 한량없는 국토에 두루 하는 머무름이며, 말할
수 없는 깊고 깊은 법계에 머무름이며, 일체 가장 수승
한 모든 신통을 나타내는 머무름으로 능히 장애가 없는
구경究竟의 법을 열어 보이느니라."

　부처님의 불가사의한 공덕에서 네 가지 변재는 중생들을
교화하는 데 있어서 가장 중요한 부분이다. 이 네 가지 변재
에 머무는데, 네 가지 변재는 사무애변四無礙辯·사무애지四無
礙智·사무애해四無礙解라고도 한다. 마음의 방면으로는 지智
또는 해解라 하고, 입의 방면으로는 변辯이라 표현한다. 법
무애法無礙는 온갖 교법에 통달한 것이며, 의무애義無礙는 온
갖 교법의 요의要義를 아는 것이며, 사무애辭無礙는 여러 가지
말을 알아 통달하지 못함이 없는 것이며, 요설무애樂說無礙는

온갖 교법을 알아 기류機類가 듣기 좋아하는 것을 말하는 데 자재한 것이다. 부처님은 이곳에 머물러 한량없는 법을 설하신다.

또 헤아릴 수 없는 일체 부처님의 법에 머무시며, 청정한 음성으로 한량없는 국토에 두루 하는 데 머무시며, 말할 수 없는 깊고 깊은 법계에 머무시며, 일체 가장 수승한 신통을 나타내는 데 머무시어 장애가 없는 구경의 법을 열어 보인다. 이것이 부처님이 머무시는 국토다.

보통의 사람들도 실은 그들의 관심사가 그들이 머무는 곳이다. 즉 관심이 있는 곳이 그가 머무는 국토다. 부처님은 오로지 중생들을 교화하는 일이 관심사이므로 중생 교화에 필요한 곳과 일들이 곧 부처님이 머무시는 국토다.

(2) 법계에 두루 함을 밝히다

불자   제불세존   유십종법보변무량무변
佛子야 諸佛世尊이 有十種法普徧無量無邊

법계   하등   위십   소위일체제불   유무변
法界하시니 何等이 爲十고 所謂一切諸佛이 有無邊

제신　　색상청정　　보입제취　　이무염착
際身하사 色相淸淨하야 普入諸趣호대 而無染着하며

"불자여, 모든 부처님 세존께는 열 가지 법이 있어
한량없고 그지없는 법계에 두루 하셨으니, 무엇이 열인
가. 이른바 일체 모든 부처님이 그지없는 몸이 있어서
색상이 청정하며 여러 갈래에 널리 들어가되 물들지 아
니하느니라."

모든 부처님은 열 가지 법이 있어서 한량없고 그지없는
법계에 두루 함을 하나하나 밝히는 내용이다. 이 또한 부처
님의 불가사의한 공덕이다.

첫째 일체 모든 부처님은 그지없는 몸이 있어서 색상이 텅
비고 청정하여 온갖 중생들의 갈래에 널리 들어가지만 그 갈
래에 물들지 않는다. 지옥에 가거나 아귀에 가거나 축생에
가거나 부처님은 그 어떤 곳에도 물들지 않는다. 마치 연꽃
이 진흙 속에서 피지만 진흙에 물들지 않는 것과 같다. 여기
에서 몸이란 그지없는 전체적인 몸이다. 육근의 몸이 아니다.

三十三. 불부사의법품佛不思議法品 1

일 체 제 불　　유 무 변 제 무 장 애 안　　어 일 체 법
一切諸佛이 **有無邊際無障礙眼**하사 **於一切法**

실 능 명 견
에 **悉能明見**하며

"일체 모든 부처님이 그지없고 막힘이 없는 눈이 있어서 온갖 법을 모두 분명하게 보느니라."

다음은 육근의 첫 번째인 눈이다. 일체 모든 부처님은 그지없고 막힘이 없는 눈이 있어서 온갖 법을 모두 분명하게 꿰뚫어 본다.

일 체 제 불　　유 무 변 제 무 장 애 이　　실 능 해 료
一切諸佛이 **有無邊際無障礙耳**하사 **悉能解了**

일 체 음 성
一切音聲하며

"일체 모든 부처님이 그지없고 막힘이 없는 귀가 있어서 온갖 음성을 모두 다 아느니라."

일 체 제 불　유 무 변 제 비　　능 도 제 불 자 재 피
一切諸佛이 有無邊際鼻하사 能到諸佛自在彼

안
岸하며

"일체 모든 부처님이 그지없는 코가 있어서 모든 부
처님의 자유자재한 저 언덕에 이르느니라."

일 체 제 불　유 광 장 설　　출 묘 음 성　　주 변
一切諸佛이 有廣長舌하사 出妙音聲하야 周徧

법 계
法界하며

"일체 모든 부처님이 넓고 긴 혀가 있어서 미묘한 음
성을 내어 법계에 두루 하니라."

일 체 제 불　유 무 변 제 신　　응 중 생 심　　　함
一切諸佛이 有無邊際身하사 應衆生心하야 咸

령 득 견
令得見케하니라

"일체 모든 부처님이 그지없는 몸이 있어서 중생들의 마음을 따라서 다 볼 수 있게 하느니라."

일체제불　유무변제의　　주어무애평등법
一切諸佛이 有無邊際意하사 住於無礙平等法
신
身하며

"일체 모든 부처님이 그지없는 뜻이 있어서 걸림 없이 평등한 법신法身에 머무느니라."

부처님은 불가사의한 눈으로부터 귀와 코와 혀와 몸과 뜻에 이르기까지 낱낱이 그지없어서 이루 다 헤아릴 수 없는 공덕이 있음을 밝혔다.

일체제불　유무변제무애해탈　　시현무진
一切諸佛이 有無邊際無礙解脫하사 示現無盡
대신통력
大神通力하며

"일체 모든 부처님이 그지없고 걸림 없는 해탈이 있어서 다함이 없는 큰 신통의 힘을 나타내느니라."

다음은 일체 모든 부처님에게 그지없고 걸림 없는 해탈이 있음을 밝혔다. 해탈이란 불법 수행에 있어서 보현행 다음 가는 목적이다. 모든 장애와 번뇌로부터 해탈하는 일은 자신의 안녕을 위하는 방법으로는 가장 중요한 덕목이다. 그러므로 타인을 먼저 위하는 보현행 다음으로 중요하다.

일체제불　유무변제청정세계　　수중생락
一切諸佛이 有無邊際淸淨世界하사 隨衆生樂

현중불토　구족무량종종장엄　이어기
하야 現衆佛土하사 具足無量種種莊嚴호대 而於其

중　불생염착
中에 不生染着하며

"일체 모든 부처님이 그지없이 청정한 세계가 있어서 중생의 좋아함을 따라서 여러 가지 세계를 나타내며, 한량없는 가지가지 장엄을 구족하지마는 그 가운데 물들지 아니하느니라."

또 일체 모든 부처님은 그지없이 청정한 세계가 있다. 중생의 좋아함을 따라서 여러 가지 세계를 나타내며, 한량없는 가지가지 장엄을 구족하지마는 그 가운데 물들지 않는다. 물이 드는 것은 더러운 세계보다 청정하게 장엄한 세계에 물드는 것이 더 쉽게 잘 든다. 그러므로 더러운 세계보다 청정한 세계를 더 주의해야 한다.

일체제불　　유무변제보살행원　　득원만지
一切諸佛이 有無邊際菩薩行願하사 得圓滿智

유희자재　　실능통달일체불법　　불자
하야 遊戲自在하사 悉能通達一切佛法이니 佛子야

시위여래응정등각　　보변법계무변제십종불
是爲如來應正等覺의 普徧法界無邊際十種佛

법
法이니라

"일체 모든 부처님이 그지없는 보살의 행行과 원願이

있어서 원만한 지혜를 얻고 자유자재하게 유희하여 일체 부처님의 법을 다 통달하느니라. 불자여, 이것이 여래 응공應供 정등각正等覺의 법계에 두루 가득한 그지없는 열 가지 부처님의 법이니라."

또 일체 모든 부처님은 그지없는 보살의 행行과 원願이 있다. 불교에서 가장 이상으로 생각하는 삶은 보살의 삶이다. 설사 부처님의 경지에 이르렀더라도 부처님의 자리를 거부하고 다시 보살로 돌아와서 세세생생 보살로 살기를 원한다. 원만한 지혜를 얻고 자유자재하게 유희하며 일체 부처님의 법을 다 통달하여 중생을 교화하는 보살의 삶으로 회향한다. 견성성불도 보살행을 실천하기 위한 준비 과정이라는 뜻이 바로 이것이다.

이것이 여래 응공 정등각의 법계에 두루 가득하며 그지없고 불가사의한 열 가지 부처님의 법이다.

2) 본원本願을 답하다

(1) 본원本願에 의하여 팔상八相을 나타내다

불자　　제불세존　　유십종염념출생지
佛子야 **諸佛世尊**이 **有十種念念出生智**하시니

하등　위십　소위일체제불　어일념중　실능
何等이 **爲十**고 **所謂一切諸佛**이 **於一念中**에 **悉能**

시현무량세계　종천래하
示現無量世界에 **從天來下**하며

"불자여, 부처님 세존께는 열 가지 잠깐잠깐 동안에
나타내는 지혜가 있으니, 무엇이 열인가. 이른바 일체
모든 부처님이 잠깐 동안에 한량없는 세계에서 하늘로
부터 내려옴을 나타내 보이느니라."

부처님의 본래의 서원에 의하여 팔상성도八相成道의 모습
을 나타내는 내용인데 일체 모습이 한순간에 다 나타난다.
그래서 세존이 처음 도솔천에서 내려오시는 일도 지금 이 순
간에 다 나타내 보인다. 과거 현재 미래가 모두 서로서로 함
께하고 있다. 즉 구세九世와 십세十世가 호상즉互相卽이다.

일 체 제 불   어 일 념 중   실 능 시 현 무 량 세 계
一切諸佛이 於一念中에 悉能示現無量世界에

보 살 수 생
菩薩受生하며

"일체 모든 부처님이 잠깐 동안에 한량없는 세계에서 보살에게서 태어남을 나타내 보이느니라."

석가세존 한 분만이 도솔천에서 내려오시어 보살에게서 태어나는 것을 보이는 것이 아니라 일체 모든 부처님이 한 순간에 한량없는 세계에서 보살에게서 태어남을 나타내 보인다. 하나가 곧 일체이며 일체가 곧 하나인 화엄법계 연기의 이치를 팔상성도에서도 나타내 보인 것이다.

일 체 제 불   어 일 념 중   실 능 시 현 무 량 세 계
一切諸佛이 於一念中에 悉能示現無量世界에

출 가 학 도
出家學道하며

"일체 모든 부처님이 잠깐 동안에 한량없는 세계에

서 출가하여 도道를 배우는 일을 나타내 보이느니라."

태자 시절 부왕과 아내와 사랑하는 라홀라와 그 외의 모든 권속을 다 버리고 한밤중에 성을 넘어 출가하시어 수행하신 일이 어찌 석가세존 한 분만이 그때 단 한 번 하신 일이겠는가. 일체 모든 부처님이 한량없는 세계에서 과거에도 현재에도 또한 먼 미래에도 영원히 계속하는 일이다.

일 체 제 불　　어 일 념 중　　실 능 시 현 무 량 세 계
一切諸佛이　**於一念中**에　**悉能示現無量世界**
보 리 수 하　　성 등 정 각
菩提樹下에　**成等正覺**하며

"일체 모든 부처님이 잠깐 동안에 한량없는 세계의 보리수 아래에서 평등한 바른 깨달음 이루는 일을 나타내 보이느니라."

석가세존께서 정각을 이루신 일 또한 그와 같아서 일체 모든 부처님이 한량없는 세계에서 다 같이 보리수 아래에서

지금도 정각을 이루고 있다는 사실이다.

　　　　일 체 제 불　　어 일 념 중　　실 능 시 현 무 량 세 계
　　　　一切諸佛이 於一念中에 悉能示現無量世界에

　전 묘 법 륜
　轉妙法輪하며

　　"일체 모든 부처님이 잠깐 동안에 한량없는 세계에
서 묘한 법륜 굴림을 나타내 보이느니라."

　　화엄경의 설법은 상설常說이며 변설偏說이다. 일체 모든 부
처님이 과거 현재 미래에 항상 설하시고 시방세계 어느 곳에
서나 설하고 계신다. 바람 소리, 물 흐르는 소리가 모두 존
재의 실상을 여실히 드러내는 설법이다.

　　　　일 체 제 불　　　어 일 념 중　　실 능 시 현 무 량 세 계
　　　　一切諸佛이　於一念中에 悉能示現無量世界에

　교 화 중 생　　공 양 제 불
　教化衆生하고 供養諸佛하며

"일체 모든 부처님이 잠깐 동안에 한량없는 세계에서 중생을 교화하고 모든 부처님께 공양함을 나타내 보이느니라."

중생들을 교화하고 일체 사람 일체 중생을 부처님으로 받들어 섬기며 공경 공양하는 일도 어느 한 곳에서나 어느 한 부처님만이 하는 일이 아니다. 일체 모든 부처님이 한량없는 세계에서 시간과 공간을 초월하여 하는 일이다.

일 체 제 불   어 일 념 중   실 능 시 현 무 량 세 계
一切諸佛이 於一念中에 悉能示現無量世界에

불 가 언 설   종 종 불 신
不可言說인 種種佛身하며

"일체 모든 부처님이 잠깐 동안에 한량없는 세계에서 말할 수 없는 갖가지 몸을 나타내 보이느니라."

말할 수 없는 갖가지 몸을 나타내 보이는 일도 역시 그와 같다.

일체제불　어일념중　실능시현무량세계
一切諸佛이 於一念中에 悉能示現無量世界에

종종장엄　무수장엄　여래자재일체지장
種種莊嚴과 無數莊嚴인 如來自在一切智藏하며

"일체 모든 부처님이 잠깐 동안에 한량없는 세계의
가지가지 장엄과 무수한 장엄으로 여래의 자재하신 온
갖 지혜의 장藏을 나타내 보이느니라."

가지가지 장엄과 무수한 장엄으로 여래의 자재하신 온갖
지혜의 장藏을 나타내 보이는 일도 또한 그와 같다.

일체제불　어일념중　실능시현무량세계
一切諸佛이 於一念中에 悉能示現無量世界에

무량무수청정중생
無量無數淸淨衆生하며

"일체 모든 부처님이 잠깐 동안에 한량없는 세계의
한량없고 수없이 청정한 중생을 나타내 보이느니라."

한량없고 수없이 청정한 중생을 나타내 보이는 일도 역

시 그와 같다.

일 체 제 불　　어 일 념 중　　실 능 시 현 무 량 세 계
一切諸佛이 於一念中에 悉能示現無量世界에

삼 세 제 불　　종 종 근 성　　종 종 정 진　　종 종 행 해
三世諸佛이 種種根性과 種種精進과 種種行解로

어 삼 세 중　　성 등 정 각　　시 위 십
於三世中에 成等正覺이 是爲十이니라

　"일체 모든 부처님이 잠깐 동안에 한량없는 세계에
있는 세 세상 모든 부처님들이 갖가지 근성과 갖가지
정진과 갖가지 행과 지혜로 세 세상에서 평등한 바른
깨달음 이루는 일을 나타내 보이나니, 이것이 열이니라."

　세 세상 모든 부처님이 갖가지 근성과 갖가지 정진과 갖
가지 행과 지혜로 세 세상에서 평등한 바른 깨달음 이루는
일을 나타내 보이는 것도 역시 앞에서 밝힌 바와 같이 일체
처와 일체 시에서 다 같이 이루어지고 있다.

(2) 본원本願이 때를 잃지 않음을 밝히다

불자 제불세존 유십종불실시 하등
佛子야 **諸佛世尊**이 **有十種不失時**하시니 **何等**이

위십 소위일체제불 성등정각불실시 일
爲十고 **所謂一切諸佛**이 **成等正覺不失時**와 **一**

체제불 성숙유연불실시 일체제불 수보살
切諸佛이 **成熟有緣不失時**와 **一切諸佛**이 **授菩薩**

기 불실시
記不失時와

"불자여, 모든 부처님 세존께는 열 가지 때를 놓치지
아니함이 있으니, 무엇이 열인가. 이른바 일체 모든 부
처님이 평등한 바른 깨달음을 이루는 데 때를 놓치지
아니하며, 일체 모든 부처님이 인연 있는 이를 성숙하
게 하는 데 때를 놓치지 아니하며, 일체 모든 부처님이
보살에게 수기授記하는 데 때를 놓치지 아니하느니라."

'때를 맞춰 내리는 비'라는 뜻의 급시우給時雨가 있다. 농
경 사회에서는 농사를 지을 때 하늘만 쳐다본다. 때에 맞춰
비가 내려 줘야 농사를 지을 수 있기 때문이다. 일체 모든 부
처님이 중생 교화라는 농사를 짓는 데 모든 일이 때를 잃지

않고 이뤄져야 수확이 많다. 정각을 이루고, 인연 있는 중생을 성숙시키고, 보살에게 본래로 부처님이라는 수기를 주는 일이 모두 때를 잘 맞춰 이뤄져야 한다.

일체 제 불　　수 중 생 심　　시 현 신 력 불 실 시
一切諸佛이 隨衆生心하야 示現神力不失時와

일체 제 불　　수 중 생 해　　시 현 불 신 불 실 시　　일
一切諸佛이 隨衆生解하야 示現佛身不失時와 一

체 제 불　　주 어 대 사 불 실 시
切諸佛이 住於大捨不失時와

"일체 모든 부처님이 중생의 마음을 따라 신통한 힘을 보이는 데 때를 놓치지 아니하며, 일체 모든 부처님이 중생들의 이해를 따라 부처님의 몸을 나타내는 데 때를 놓치지 아니하며, 일체 모든 부처님이 크게 버리는 데 머물되 때를 놓치지 아니하느니라."

중생의 마음을 따르는 데도 때를 놓치지 않아야 한다. 때를 맞추지 못하면 노력만 많이 하고 효과는 적다. 오히려 역

효과를 가져온다. 또 중생들의 이해를 따라서 몸을 나타내는 데 때를 놓치지 않아야 한다. 아무 데나 아무 시간에나 불쑥불쑥 나타나면 실례가 된다. 크게 버리어 보시하는 일도 때를 잘 맞추면 큰 복이 된다. 특히 자신이 가진 능력이나 재산은 때를 잃지 않고 크게 버릴 줄 알아야 한다. 모든 부처님은 이와 같은 일에 조금도 실수가 없다.

일체제불 입제취락불실시 일체제불 섭
一切諸佛이 **入諸聚落不失時**와 **一切諸佛**이 **攝**

제정신불실시 일체제불 조악중생불실시
諸淨信不失時와 **一切諸佛**이 **調惡衆生不失時**와

일체제불 현부사의제불신통불실시 시위
一切諸佛이 **現不思議諸佛神通不失時**가 **是爲**

십
十이니라

"일체 모든 부처님이 여러 동네에 들어가는 데 때를 놓치지 아니하며, 일체 모든 부처님이 깨끗한 신심을 거두어 주는 데 때를 놓치지 아니하며, 일체 모든 부처

님이 악한 중생을 조복하는 데 때를 놓치지 아니하며, 일체 모든 부처님이 헤아릴 수 없는 모든 부처님의 신통을 나타내는 데 때를 놓치지 아니하나니, 이것이 열이니라."

여러 동네에 들어가고, 신심을 거두어 주고, 악한 중생을 조복하고, 신통을 나타내는 등 이와 같은 모든 일에 때를 잃지 않아야 한다. 모든 부처님은 결코 때를 잃지 않고 중생을 교화하고 조복한다.

3) 종성種性을 답하다

(1) 보신報身과 화신化身의 종성

불자 제불세존 유십종무비부사의경계
佛子야 **諸佛世尊**이 **有十種無比不思議境界**

하등 위십 소위일체제불 일가부좌
하시니 **何等**이 **爲十**고 **所謂一切諸佛**이 **一跏趺坐**하야

변만시방무량세계　일체제불　설일의구
偏滿十方無量世界하며 **一切諸佛**이 **說一義句**하야

실능개시일체불법
悉能開示一切佛法하며

"불자여, 모든 부처님 세존께는 열 가지 견줄 수 없고 헤아릴 수 없는 경계가 있으니, 무엇이 열인가. 이른바 일체 모든 부처님이 한 곳에서 가부좌를 하고 앉아서 시방의 한량없는 세계에 가득하며, 일체 모든 부처님이 한 구절의 뜻을 말하여 일체 부처님의 법을 열어 보이느니라."

모든 부처님께는 비교할 수 없고 불가사의한 열 가지 경계가 있다. 먼저 한 곳에 가부좌를 하고 앉아서 시방의 한량없는 세계에 가득하다. 산천초목과 산하대지와 우주법계가 모두 부처님의 가부좌하고 앉은 모습이다. 또 한 구절의 뜻을 말하여 일체 부처님의 법을 열어 보인다. 화엄경 한 구절에서 모든 불법의 이치를 다 열어 보인다. 화엄경은 4만 5천 게송이다. 한 게송은 네 구절로 이루어졌다. 불법의 이치가 그야말로 중중 중중 중중하고 무진 무진 무진하다.

일체제불　　방일광명　　실능변조일체세계
一切諸佛이 放一光明하야 悉能徧照一切世界

　　　　　일체제불　　어일신중　　실능시현일체제신
하며 一切諸佛이 於一身中에 悉能示現一切諸身

　　　　　일체제불　　어일처중　　실능시현일체세계
하며 一切諸佛이 於一處中에 悉能示現一切世界

　　　　　일체제불　　어일지중　　실능결료일체제법
하며 一切諸佛이 於一智中에 悉能決了一切諸法

　　　무소가애
호대 無所罣礙하며

　　"일체 모든 부처님이 한 광명을 놓아서 모든 세계를
두루 다 비추며, 일체 모든 부처님이 한 몸 가운데서 일
체 모든 몸을 나타내 보이며, 일체 모든 부처님이 한 곳
에서 일체 세계에 능히 나타내 보이며, 일체 모든 부처
님이 한 지혜로 일체 모든 법을 분명하게 알아서 걸림
이 없느니라."

　　모든 부처님이 한 광명을 놓아서 모든 세계를 두루 다 비
춘다. 이와 같아야 방광이라고 할 만하다. 어떤 불교의 행
사에서 잠깐 동안 약간의 방광이 있다가 사라져 버리는 것

에 미혹할 일이 아니다. 또 한 몸 가운데서 일체 모든 몸을 나타내 보이며, 한 곳에서 일체 세계에 능히 나타내 보이며, 한 지혜로 일체 모든 법을 분명하게 알아서 걸림이 없다. 참으로 비교할 수 없고 불가사의한 부처님의 경계다.

일체제불　어일념중　실능변왕시방세계
一切諸佛이 於一念中에 悉能徧往十方世界하며

일체제불　어일념중　실현여래무량위덕
一切諸佛이 於一念中에 悉現如來無量威德하며

일체제불　어일념중　보연삼세불　급중생
一切諸佛이 於一念中에 普緣三世佛과 及衆生호대

심무잡란　　일체제불　어일념중　여거래금
心無雜亂하며 一切諸佛이 於一念中에 與去來今

일체제불　체동무이　시위십
一切諸佛로 體同無二가 是爲十이니라

"일체 모든 부처님이 잠깐 동안에 시방세계에 두루 나아가며, 일체 모든 부처님이 잠깐 동안에 여래의 한량없는 위엄과 공덕을 나타내며, 일체 모든 부처님이 잠깐 동안에 삼세의 부처님과 중생을 널리 반연하되 마

음이 어지럽지 아니하며, 일체 모든 부처님이 잠깐 동
안에 과거 미래 현재의 일체 모든 부처님들과 체성體性
이 같아서 둘이 없나니, 이것이 열이니라."

또한 잠깐 동안에 시방세계에 두루 나아가며, 잠깐 동안
에 여래의 한량없는 위엄과 공덕을 나타내며, 잠깐 동안에
삼세의 부처님과 중생을 널리 반연하되 마음이 어지럽지 아
니하며, 잠깐 동안에 과거 미래 현재의 일체 모든 부처님과
체성이 같아서 둘이 없다. 이것이 일체 모든 부처님의 비교할
수 없고 불가사의한 경계다.

(2) 법신法身의 종성

불자   제불세존   능출생십종지   하자
佛子야 諸佛世尊이 能出生十種智하시니 何者가

위십   소위일체제불   지일체법무소취향
爲十고 所謂一切諸佛이 知一切法無所趣向이나

이능출생회향원지
而能出生廻向願智하며

"불자여, 모든 부처님 세존께서는 열 가지 지혜를 능히 내시나니, 무엇이 열인가. 이른바 일체 모든 부처님이 일체 법이 나아갈 데 없음을 알지마는 회향하는 서원誓願의 지혜를 능히 내느니라."

일체 법이 모두가 다 불법이다. 그래서 "이것이 불법이다."라고 하여 달리 나아갈 데가 없다. 부처님은 이러한 이치를 잘 알지만 불법을 널리 회향하려고 난행 고행을 하면서 불법을 수행하고, 불법을 널리 펼치는 일에 몸과 목숨을 아끼지 아니한다.

일 체 제 불　　지 일 체 법 개 무 유 신　　이 능 출 생
一切諸佛이 知一切法皆無有身이나 而能出生

청 정 신 지
清淨身智하며

"일체 모든 부처님이 일체 법이 모두 다 몸이 없음을 알지마는 청정한 몸의 지혜를 능히 내느니라."

몸이란 모여서 어떤 실체를 이루고 있다는 뜻이다. 일체 법은 그와 같은 실체를 이루는 몸이 없다. 부처님은 그러한 사실을 잘 알면서 청정한 몸의 지혜를 능히 낸다.

일체제불　지일체법본래무이　이능출생
一切諸佛이 **知一切法本來無二**나 **而能出生**
능각오지
能覺悟智하며

"일체 모든 부처님이 일체 법이 본래 둘이 없음을 알지마는 능히 깨닫는 지혜를 내느니라."

일체 법이 본래 둘이 없다는 것은 미혹과 깨달음이 본래 없다는 사실이다. 부처님은 미혹과 깨달음이 없음을 잘 알지만 능히 깨달음을 낸다.

일체제불　지일체법무아무중생　이능출
一切諸佛이 **知一切法無我無衆生**이나 **而能出**

생 조 중 생 지
生調衆生智하며

"일체 모든 부처님이 일체 법이 나[我]도 없고 중생도 없음을 알지마는 중생을 조복하는 지혜를 능히 내느니라."

일체 모든 법은 본래 무아며 무중생이다. 부처님은 무아며 무중생인 가운데 중생을 교화하고 조복하는 지혜를 잘낸다.

일 체 제 불　　지 일 체 법 본 래 무 상　　이 능 출 생
一切諸佛이 **知一切法本來無相**이나 **而能出生**

요 제 상 지
了諸相智하며

"일체 모든 부처님이 일체 법이 본래 모양이 없음을 알지마는 모든 모양을 아는 지혜를 능히 내느니라."

아我와 중생에 대해서와 같이 모양에 대해서도 부처님은

일체 법이 모양이 없음을 잘 알면서 능히 여러 가지 모양을
아는 지혜를 잘 낸다.

일체 제 불　　지 일 체 세 계 무 유 성 괴　　이 능 출
一切諸佛이 **知一切世界無有成壞**나 **而能出**
생 요 성 괴 지
生了成壞智하며

"일체 모든 부처님이 일체 세계가 이룩되고 무너짐
이 없음을 알지마는 이룩되고 무너짐을 아는 지혜를 능
히 내느니라."

일체 세계는 본래 이뤄지고 무너짐이 없다. 부처님은 세
계가 이뤄지고 무너짐이 없음을 잘 알면서 이뤄지고 무너짐
을 아는 지혜를 잘 낸다.

일체 제 불　　지 일 체 법 무 유 조 작　　이 능 출 생
一切諸佛이 **知一切法無有造作**이나 **而能出生**

지 업 과 지
知業果智하며

　"일체 모든 부처님이 일체 법이 조작됨이 없음을 알
지마는 업業과 과보果報를 아는 지혜를 능히 내느니라."

　업과 과보는 모두 조작에서 나타나는 현상이다. 그러나
일체 법은 본래로 조작이 없다. 부처님은 이와 같은 사실을
잘 알지만 업과 과보를 아는 지혜를 능히 낸다.

일 체 제 불 　지 일 체 법 무 유 언 설 　이 능 출 생
一切諸佛이 **知一切法無有言說**이나 **而能出生**
요 언 설 지
了言說智하며

　"일체 모든 부처님이 일체 법이 말할 것이 없음을 알
지마는 말을 아는 지혜를 능히 내느니라."

　일체 법에 무슨 언설이 있겠는가. 그런데 부처님의 가르
침에는 언설이 가장 많다. 언설이 없는 가운데 한량없는 언

설을 잘 아는 지혜를 능히 낸다.

일체 제 불　　지 일 체 법 무 유 염 정　　이 능 출 생
一切諸佛이 知一切法無有染淨이나 而能出生

지 염 정 지
知染淨智하며

"일체 모든 부처님이 일체 법이 물들고 깨끗함이 없음을 알지마는 물들고 깨끗함을 아는 지혜를 능히 내느니라."

일체 법에는 깨끗하다거나 물들었다거나 하는 일이 없다. 그래서 불구부정이다. 부처님은 그와 같은 사실을 잘 알면서 물들고 깨끗함을 아는 지혜를 능히 낸다.

일체 제 불　　지 일 체 법 무 유 생 멸　　이 능 출 생
一切諸佛이 知一切法無有生滅이나 而能出生

요 생 멸 지　　시 위 십
了生滅智가 是爲十이니라

"일체 모든 부처님이 일체 법이 나고 없어짐이 없음을 알지마는 나고 없어짐을 아는 지혜를 능히 내나니, 이것이 열이니라."

일체 법은 본래 생멸이 없다. 그래서 불생불멸이다. 부처님은 이와 같은 사실을 알면서 일체 법이 생멸하는 법칙을 잘 아는 지혜를 능히 낸다.

4) 출현出現을 답하다

(1) 두루 나타내고 항상 나타내다

불자   제불세존   유십종보입법   하등
佛子야 諸佛世尊이 有十種普入法하시니 何等이

위십   소위일체제불   유정묘신   보입삼세
爲十고 所謂一切諸佛이 有淨妙身하사 普入三世

일체제불   개실구족삼종자재   보화중
하며 一切諸佛이 皆悉具足三種自在하사 普化衆

생
生하며

"불자여, 모든 부처님 세존께는 열 가지 두루 들어가는 법이 있으니, 무엇이 열인가. 이른바 일체 모든 부처님은 깨끗하고 묘한 몸[淨妙身]이 있어서 세 세상에 두루 들어가느니라. 일체 모든 부처님은 세 가지 자유자재함을 구족하여 중생을 두루 교화하느니라."

모든 부처님은 깨끗하고 묘한 몸[淨妙身]이 있어서 과거 현재 미래의 모든 시간과 모든 공간에 다 들어간다. 즉 부처님의 몸은 온 우주법계에 충만하다. 우주법계에 충만한 것이 곧 부처님의 몸이다. 또한 모든 부처님의 세 가지 자유자재함이란 몸과 말과 뜻 삼업의 변화가 자유자재함을 말한다. 삼업의 변화가 자유자재하여 중생을 두루 교화한다.

일 체 제 불　　개 실 구 족 제 다 라 니　　보 능 수 지
一切諸佛이 皆悉具足諸陀羅尼하사 普能受持

일 체 불 법　　일 체 제 불　　개 실 구 족 사 종 변 재
一切佛法하며 一切諸佛이 皆悉具足四種辯才하사

보 전 일 체 청 정 법 륜
普轉一切淸淨法輪_{하며}

"일체 모든 부처님은 다라니를 모두 구족하여 온갖
불법을 두루 받아 지니느니라. 일체 모든 부처님은 네
가지 변재를 구족하여 일체 청정한 법륜을 두루 굴리느
니라."

일체 모든 부처님은 다라니를 모두 구족하여 온갖 불법
을 두루 받아 지니고, 또 네 가지 변재를 구족하여 일체 청정
한 법륜을 두루 굴린다. 네 가지 변재란 사무애변四無礙辯이
다. 이 네 가지 걸림이 없는 변재로 일체 청정한 법륜을 두루
굴린다.

일 체 제 불　　개 실 구 족 평 등 대 비　　항 불 사 리
一切諸佛_이 **皆悉具足平等大悲**_{하사} **恒不捨離**

일 체 중 생　　일 체 제 불　　개 실 구 족 심 심 선 정
一切衆生_{하며} **一切諸佛**_이 **皆悉具足甚深禪定**_{하사}

항 보 관 찰 일 체 중 생
恒普觀察一切衆生하며

"일체 모든 부처님은 평등한 큰 자비를 구족하여 일
체 중생을 항상 버리지 아니하느니라. 일체 모든 부처
님은 깊은 선정禪定을 구족하여 일체 중생을 항상 두루
관찰하느니라."

일체 중생을 어느 누구도 버리지 아니하고 모두 교화하
려면 평등한 큰 자비를 구족해야 한다. 또 부처님은 선정에
깊이 들어서 일체 중생을 항상 두루 관찰한다.

일 체 제 불　　개 실 구 족 이 타 선 근　　　조 복 중 생
一切諸佛이 **皆悉具足利他善根**하사 **調伏衆生**

　　무 유 휴 식　　　일 체 제 불　　개 실 구 족 무 소 애
호대 **無有休息**하며 **一切諸佛**이 **皆悉具足無所礙**

심　　　보 능 안 주 일 체 법 계
心하사 **普能安住一切法界**하며

"일체 모든 부처님은 다른 이를 이롭게 하는 착한 뿌

리를 구족하여 쉴 새 없이 중생을 조복하느니라. 일체 모든 부처님은 걸림이 없는 마음을 구족하여 일체 법계에 두루 머무느니라."

모든 부처님은 다른 이를 이롭게 하는 착한 뿌리를 구족하여 쉴 새 없이 중생을 조복하며, 또한 걸림이 없는 마음을 구족하여 일체 법계에 두루 머문다.

일 체 제 불　　개 실 구 족 무 애 신 력　　일 념 보 현
一切諸佛이 皆悉具足無礙神力하사 一念普現

삼 세 제 불　　일 체 제 불　　개 실 구 족 무 애 지 혜
三世諸佛하며 一切諸佛이 皆悉具足無礙智慧하사

일 념 보 립 삼 세 겁 수　　시 위 십
一念普立三世劫數가 是爲十이니라

"일체 모든 부처님은 걸림 없는 신통한 힘을 구족하여 잠깐 동안에 세 세상 부처님들을 두루 나타내느니라. 일체 모든 부처님은 걸림이 없는 지혜를 구족하여 잠깐 동안에 세 세상의 겁劫의 수효를 두루 건립하나니,

이것이 열이니라."

또 모든 부처님은 걸림 없는 신통한 힘을 구족하여 잠깐
동안에 세 세상 부처님들을 두루 나타내며, 또 걸림이 없는
지혜를 구족하여 잠깐 동안에 세 세상의 겁의 수효를 두루
건립한다. 여기까지 두루 들어가는 열 가지 법을 밝혔다.

(2) 출현하는 모습을 밝히다

불자　 제불세존　　유십종난신수광대법
佛子야 **諸佛世尊**이 **有十種難信受廣大法**하시니

하등　 위십　 소위일체제불　 실능최멸일체제
何等이 **爲十**고 **所謂一切諸佛**이 **悉能摧滅一切諸**

마　　일체제불　 실능항복일체외도
魔하며 **一切諸佛**이 **悉能降伏一切外道**하며

"불자여, 모든 부처님 세존께서는 열 가지 믿고 받아들
이기 어려운 광대한 법이 있으니, 무엇이 열인가. 이른
바 일체 모든 부처님이 일체 모든 마군을 모두 깨뜨리
어 멸하느니라. 일체 모든 부처님이 일체 외도를 모두

항복받느니라."

일체 모든 부처님이 일체 마군을 모두 깨뜨려 멸하고, 일체 외도를 모두 항복받는다.

일체제불　실능조복일체중생　함령환열
一切諸佛이 悉能調伏一切衆生하야 咸令歡悅

일체제불　실능왕예일체세계　화도군품
하며 一切諸佛이 悉能往詣一切世界하야 化導群品

일체제불　실능지증심심법계
하며 一切諸佛이 悉能智證甚深法界하며

"일체 모든 부처님이 일체 중생을 모두 조복해서 즐겁게 하느니라. 일체 모든 부처님이 일체 세계에 다니면서 여러 중생을 교화하느니라. 일체 모든 부처님이 깊고 깊은 법계를 지혜로 증득하느니라."

모든 부처님은 일체 중생을 조복해서 그들을 기쁘게 하고, 또 일체 세계에 나아가서 무수한 중생을 교화하며, 깊고 깊은 법계를 지혜로 증득한다.

일체제불   실개능이무이지신   현종종신
一切諸佛이 悉皆能以無二之身으로 現種種身

충만세계   일체제불   실개능이청정음성
하야 充滿世界하며 一切諸佛이 悉皆能以淸淨音聲

기사변재   설법무단   범유신수 공부
으로 起四辯才하야 說法無斷하사 凡有信受에 功不

당연
唐捐하며

"일체 모든 부처님이 둘이 아닌 몸으로써 갖가지 몸
을 나타내어 세계에 가득하니라. 일체 모든 부처님이 청
정한 음성으로 네 가지 변재辯才를 내어 끊임없이 법을
설하여 듣고 믿는 이가 헛되지 않으니라."

모든 부처님은 하나의 몸에서 가지가지 몸을 나타내어
온 세계에 충만하고, 청정한 음성으로 네 가지 걸림 없는 변
재를 내어 끊임없이 법을 설하여 듣고 믿는 이가 헛되지 않
게 한다.

일체제불　　개실능어일모공중　　출현제불
一切諸佛이 皆悉能於一毛孔中에 出現諸佛

하사대 與一切世界微塵數等하야 無有斷絶하며

"일체 모든 부처님이 한 모공 속에서 일체 세계의 작은 먼지 수같이 많은 부처님을 나타내되 끊어짐이 없느니라."

법성게에 "하나의 작은 먼지 속에 시방세계가 들어 있고 일체의 작은 먼지 속에도 또한 그와 같다."라고 하였는데 하나의 모공 속에 일체 세계의 작은 먼지 수같이 많은 부처님을 나타내되 끊어짐이 없이 계속하여 나타낸다. 마치 여름날 흰 구름이 뭉게뭉게 피어오르듯이.

일체제불　　개실능어일미진중　　시현중찰
一切諸佛이 皆悉能於一微塵中에 示現衆刹

하사대 與一切世界微塵數等하야 具足種種上妙莊

엄　　　항어기중　　전묘법륜　　교화중생　　이
嚴하야 恒於其中에 轉妙法輪하사 教化衆生호대 而

미진부대　　세계불소　　상이증지　　안주법
微塵不大하고 世界不小하야 常以證智로 安住法

계
界하며

"일체 모든 부처님이 한 작은 먼지 속에 일체 세계의 작은 먼지 수같이 많은 세계를 나타내되 가지각색의 매우 묘한 장엄을 갖추었고, 항상 그 가운데서 묘한 법륜을 굴리어 중생을 교화하지마는 작은 먼지가 커지지도 않고 세계가 작아지지도 않으며 항상 증득한 지혜로 법계에 편안히 머무느니라."

"작은 먼지가 커지지도 않고 세계가 작아지지도 않는다."라고 하였다. 만약 먼지가 커진다거나 세계가 작아진다면 세상이 어떻게 되겠는가. 작은 것은 작은 대로 큰 것은 큰 대로 모두 그 위치에서 아무런 변화 없이 존재하는 일체 존재의 존재 원리를 설파한 것이다. 사상事象과 사상이 서로 걸림이 없이 조화를 이루면서 존재하는 이치이다.

일체제불　개실요달청정법계　　이지광명
一切諸佛이 **皆悉了達淸淨法界**하사 **以智光明**

파세치암　　영어불법　　실득개효　　수축
으로 **破世癡闇**하사 **令於佛法**에 **悉得開曉**하야 **隨逐**

여래　　주십력중　시위십
如來하야 **住十力中**이 **是爲十**이니라

"일체 모든 부처님이 청정한 법계를 분명하게 통달
하고 지혜의 광명으로 세간의 어리석음을 깨뜨리고 부
처님 법을 잘 깨달아 알게 하며 여래를 따라서 열 가지
힘[十力]에 머물게 하나니, 이것이 열이니라."

일체 모든 부처님의 열 가지 믿고 받아들이기 어려운 광
대한 법이다. 끝으로 청정한 법계를 분명하게 통달하고 지
혜의 광명으로 세간의 어리석음을 깨뜨려 밝고 맑은 세상을
만드는 것을 밝혔다.

5) 불신佛身을 답하다

(1) 허물이 없음을 나타내다

불자야 諸佛世尊이 有十種大功德離過淸淨
하시니 何等이 爲十고 所謂一切諸佛이 具大威德하사
離過淸淨하며 一切諸佛이 悉於三世如來家生하사
種族調善하야 離過淸淨하며

"불자여, 모든 부처님 세존께서는 열 가지 큰 공덕으로 허물 없이 청정함이 있으니, 무엇이 열인가. 이른바 일체 모든 부처님이 큰 위엄과 공덕을 구족하여 허물 없이 청정하니라. 일체 모든 부처님이 세 세상 여래의 가문에 태어나서 문벌이 훌륭하여 허물 없이 청정하니라."

모든 부처님 세존은 열 가지 큰 공덕으로 허물 없이 청정함을 밝혔다. 먼저 큰 위엄과 공덕으로 허물 없이 청정하며,

또 과거와 현재와 미래에 언제나 여래의 가문에 태어나서 문벌이 훌륭하여 허물 없이 청정하다.

일체 제불　진 미 래 제　　심 무 소 주　　이 과
一切諸佛이 盡未來際토록 心無所住하사 離過

청 정
清淨하며

"일체 모든 부처님이 오는 세월이 끝나도록 마음이 머무는 데가 없어 허물 없이 청정하니라."

일 체 제 불　어 삼 세 법　개 무 소 착　　이 과 청
一切諸佛이 於三世法에 皆無所着하사 離過清

정
淨하며

"일체 모든 부처님이 세 세상 법에 집착하지 아니하여 허물 없이 청정하니라."

일체제불   지종종성   개시일성   무소종
一切諸佛이 知種種性이 皆是一性이라 無所從

래   이 과 청 정
來하사 離過淸淨하며

"일체 모든 부처님이 갖가지 성품이 모두 한 성품이
고 온 데가 없음을 알아서 허물 없이 청정하니라."

일체제불   전제후제   복덕무진   등어법
一切諸佛이 前際後際의 福德無盡하야 等於法

계   이 과 청 정
界하사 離過淸淨하며

"일체 모든 부처님이 앞세상 뒤세상의 복덕이 다함
이 없이 법계와 평등하여 허물 없이 청정하니라."

일체제불   무변신상   변시방찰   수시조
一切諸佛이 無邊身相이 徧十方刹하사 隨時調

복일체중생   이 과 청 정
伏一切衆生하야 離過淸淨하며

"일체 모든 부처님이 그지없는 몸으로 시방세계에 두루 하여 있으면서 때를 따라 일체 중생을 조복함이 허물 없이 청정하니라."

일체 제불　획사무외　이제공포　어중
一切諸佛이 獲四無畏하사 離諸恐怖하야 於衆

회중　대사자후　명료분별일체제법　이과
會中에 大獅子吼로 明了分別一切諸法하사 離過

청정
清淨하며

"일체 모든 부처님이 네 가지 두려움 없음을 얻어 모든 공포를 떠났으므로 여럿이 모인 가운데서 큰 사자후로 일체 모든 법을 명료하게 분별함이 허물 없이 청정하니라."

일체 제불　어불가설불가설겁　입반열반
一切諸佛이 於不可說不可說劫에 入般涅槃

중생　문명　획무량복　여불현재공덕무
이라도 **衆生**이 **聞名**에 **獲無量福**이 **如佛現在功德無**

이　　이 과 청 정
異하야 **離過淸淨**하며

"일체 모든 부처님이 말할 수 없이 말할 수 없는 겁
에 열반에 들었더라도 중생이 그 이름을 들으면 한량없
는 복을 얻는 것이 부처님이 현재에 계시는 것과 그 공
덕이 다름이 없어서 허물 없이 청정하니라."

일 체 제 불　　원 재 불 가 설 불 가 설 세 계 중
一切諸佛이 **遠在不可說不可說世界中**이라도

약 유 중 생　　일 심 정 념　　즉 개 득 견　　이 과 청
若有衆生이 **一心正念**하면 **則皆得見**하야 **離過淸**

정　　시 위 십
淨이 **是爲十**이니라

"일체 모든 부처님이 말할 수 없이 말할 수 없는 세
계에서 멀리 있으면서도 만약 어떤 중생이 한결같은 마
음으로 바르게 생각하면 모두 보게 되는 것이 허물 없
이 청정하나니, 이것이 열이니라."

부처님은 오래전에 이미 열반에 들었더라도 만약 중생이 부처님의 이름을 들으면 한량없는 복을 얻는 것이 현재에 계시는 부처님에게서 얻는 복과 조금도 다름이 없는 청정함이다. 이와 같은 등 모든 사실이 부처님의 불가사의한 공덕이다.

(2) 끝까지 청정하다

佛子야 諸佛世尊이 有十種究竟淸淨하시니 何等
<small>불 자   제 불 세 존   유 십 종 구 경 청 정   하 등</small>

이 爲十고 所謂一切諸佛이 往昔大願이 究竟淸淨
<small>위 십   소 위 일 체 제 불   왕 석 대 원   구 경 청 정</small>

하며 一切諸佛이 所持梵行이 究竟淸淨하며
<small>일 체 제 불   소 지 범 행   구 경 청 정</small>

"불자여, 모든 부처님 세존께는 열 가지 끝까지[究竟] 청정함이 있으니, 무엇이 열인가. 이른바 일체 모든 부처님의 옛날 큰 서원이 끝까지[究竟] 청정하며, 일체 모든 부처님이 가지시는 범행梵行이 끝까지 청정하니라."

부처님의 불가사의한 공덕은 아무리 설명하더라도 다할

수 없다. 옛날 큰 서원을 세운 것이 끝까지 청정하며, 일체 모든 부처님이 가지시는 범행梵行이 끝까지 청정하다.

일체 제불　이세 중 혹　구경 청정　일체
一切諸佛이 離世衆惑하야 究竟淸淨하며 一切

제불　장엄 국토　구경 청정
諸佛이 莊嚴國土하야 究竟淸淨하며

　"일체 모든 부처님이 세간의 온갖 번뇌를 여원 것이 끝까지 청정하며, 일체 모든 부처님이 국토를 장엄함이 끝까지 청정하니라."

일체 제불　소유 권속　구경 청정　일체 제
一切諸佛이 所有眷屬이 究竟淸淨하며 一切諸

불　소유 종족　구경 청정
佛이 所有種族이 究竟淸淨하며

　"일체 모든 부처님의 권속이 끝까지 청정하며, 일체 모든 부처님의 종족이 끝까지 청정하니라."

一切諸佛이 色身相好가 究竟淸淨하며 一切諸
佛이 法身無染하야 究竟淸淨하며

"일체 모든 부처님의 육신의 상호가 끝까지 청정하며, 일체 모든 부처님의 법신이 물들지 않음이 끝까지 청정하니라."

一切諸佛이 一切智智가 無有障礙하야 究竟淸
淨하며 一切諸佛이 解脫自在하사 所作已辦하사 到
於彼岸하며 究竟淸淨이 是爲十이니라

"일체 모든 부처님의 일체 지혜의 지혜가 막힘이 없어 끝까지 청정하며, 일체 모든 부처님의 해탈이 자유자재하여 할 일을 이미 마치고 저 언덕에 이른 것이 끝까지 청정하나니, 이것이 열이니라."

또 세간의 온갖 번뇌를 여읜 것과 국토를 장엄함과 권속과 종족과 육신의 상호와 법신이 물들지 않음과 일체 지혜의 지혜가 막힘이 없음과 해탈이 자유자재하여 할 일을 이미 마치고 저 언덕에 이른 것 등이 모두 끝까지 청정하다.

(3) 열 가지 불사佛事

불자 제 불 세 존   어 일 체 세 계 일 체 시   유 십
佛子야 諸佛世尊이 於一切世界一切時에 有十

종 불 사   하 등   위 십   일 자   약 유 중 생   전
種佛事하시니 何等이 爲十고 一者는 若有衆生이 專

심 억 념   즉 현 기 전   이 자   약 유 중 생   심 부
心憶念하면 則現其前이요 二者는 若有衆生이 心不

조 순   즉 위 설 법
調順하면 則爲說法이요

"불자여, 모든 부처님 세존께는 일체 세계와 일체 시간에 열 가지 불사佛事가 있으니, 무엇이 열인가. 하나는 만약 중생이 전심專心으로 생각하면 그 앞에 나타남이요, 둘은 만약 중생의 마음이 순조롭지 못하면 그에게 법을 설함이니라."

제불세존께서 스스로 하시는 불사佛事는 과연 무엇인가. 만약 중생이 전심專心으로 생각하면 그 앞에 나타나고, 중생의 마음이 순조롭지 못하면 그에게 법을 설하는 것이다. 아래에 계속해서 열거되는 부처님의 불사와 세상에서 이뤄지고 있는 많은 중생들의 불사를 비교하면서 살펴보아야 할 것이다.

삼 자　　약 유 중 생　　능 생 정 신　　필 령 획 득 무
三者는 若有衆生이 能生淨信하면 必令獲得無

량 선 근　　사 자　　약 유 중 생　　능 입 법 위　　실 개
量善根이요 四者는 若有衆生이 能入法位하면 悉皆

현 증　　무 불 요 지
現證하야 無不了知요

"셋은 만약 중생이 깨끗한 믿음을 내면 반드시 한량없는 착한 뿌리를 얻게 함이요, 넷은 만약 중생이 법의 지위에 들어가면 모두 현재에 증명하여 알지 못함이 없음이니라."

오자　교화중생　　무유피염　　육자　유제
五者는 **敎化衆生**호대 **無有疲厭**이요 **六者**는 **遊諸**

불찰　왕래무애
佛刹에 **往來無礙**요

"다섯은 중생을 교화하는 데 고달픔이 없음이요, 여섯은 여러 세계로 다녀도 가고 오는 데 장애가 없음이니라."

칠자　대비불사일체중생　　팔자　현변화
七者는 **大悲不捨一切衆生**이요 **八者**는 **現變化**

신　　　항부단절
身하야 **恒不斷絶**이요

"일곱은 큰 자비로 일체 중생을 버리지 않음이요, 여덟은 변화하는 몸을 나타내어 항상 끊어지지 않음이니라."

구자　신통자재　　미상휴식　　십자　안주
九者는 **神通自在**하야 **未嘗休息**이요 **十者**는 **安住**

법 계　　　능 변 관 찰　　시 위 십
法界하야 **能徧觀察**이니 **是爲十**이니라

"아홉은 신통이 자재하여 쉬지 않음이요, 열은 법계에 편안히 머물러 두루 관찰함이니, 이것이 열이니라."

또 부처님의 불사란 만약 중생이 깨끗한 믿음을 내면 반드시 한량없는 착한 뿌리를 얻게 하는 것이며, 중생이 법의 지위에 들어가면 모두 현재에 증명하여 다 알게 하며, 중생을 교화하는 데 고달픔이 없으며, 여러 세계로 다녀도 가고 오는 데 장애가 없으며, 큰 자비로 일체 중생을 버리지 않으며, 변화하는 몸을 나타내어 항상 끊어지지 않으며, 신통이 자재하여 쉬지 않으며, 법계에 편안히 머물러 두루 관찰하는 것이다. 이것이 부처님이 스스로 하시는 불사이다.

(4) 다함이 없는 지혜의 바다

불 자　　제 불 세 존　　유 십 종 무 진 지 해 법
佛子야 **諸佛世尊**이 **有十種無盡智海法**하시니

하등　　위십　　소위일체제불　　무변법신　　무진
何等이 爲十고 所謂一切諸佛의 無邊法身인 無盡

지해법　　일체제불　　무량불사　　무진지해법
智海法과 一切諸佛의 無量佛事인 無盡智海法과

"불자여, 모든 부처님 세존께는 열 가지 다함이 없는 지혜 바다의 법이 있으니, 무엇이 열인가. 이른바 일체 모든 부처님의 그지없는 법신法身이 다함이 없는 지혜 바다의 법이요, 일체 모든 부처님의 한량없는 부처님의 일[佛事]이 다함이 없는 지혜 바다의 법이니라."

청량스님의 소疏에, "다함이 없는 지혜 바다의 법이란 여래의 육근六根과 삼업三業이 모두 지혜의 깊고 넓음과 서로 응한 까닭이다. 또한 특별히 넓은 지혜의 몸을 들었다."[1] 라고 하였다. 여래의 그지없는 법신과 한량없는 불사가 다함이 없는 지혜 바다와 서로 상응한 것이다.

---

1) 〈四〉 無盡智海法者, 即如來六根三業, 皆智慧深廣相應故. 亦別廣智身.

일체 제 불　　불 안 경 계　　무 진 지 해 법　　일 체 제
一切諸佛의 佛眼境界인 無盡智海法과 一切諸

불　　무 량 무 수 난 사 선 근　　무 진 지 해 법　　일 체 제
佛의 無量無數難思善根인 無盡智海法과 一切諸

불　　보 우 일 체 감 로 묘 법　　무 진 지 해 법
佛의 普雨一切甘露妙法하는 無盡智海法과

　"일체 모든 부처님의 부처님 눈 경계[佛眼境界]가 다함
이 없는 지혜 바다의 법이요, 일체 모든 부처님의 한량
없고 수없고 생각할 수 없는 착한 뿌리가 다함이 없는
지혜 바다의 법이요, 일체 모든 부처님의 감로와 같이
묘한 법을 널리 비 내림이 다함이 없는 지혜 바다의 법
이니라."

　모든 부처님의 부처님 눈 경계와, 한량없고 수없고 생각
할 수 없는 착한 뿌리와, 감로와 같이 묘한 법을 널리 비 내
림이 다함이 없는 지혜 바다와 상응한다. 이러한 모든 것이
부처님의 불가사의한 지혜 바다의 법인 것이다.

일체제불 찬불공덕   무진 지해법   일체
一切諸佛의 讚佛功德하는 無盡智海法과 一切

제불   왕석소수종종원행   무진 지해법   일체
諸佛의 往昔所修種種願行인 無盡智海法과 一切

제불   진미래제   항작불사   무진 지해법
諸佛의 盡未來際토록 恒作佛事하는 無盡智海法과

"일체 모든 부처님의 부처님 공덕을 찬탄함이 다함이
없는 지혜 바다의 법이요, 일체 모든 부처님의 옛적에
닦은 갖가지 원과 행行이 다함이 없는 지혜 바다의 법이
요, 일체 모든 부처님의 오는 세월이 끝나도록 항상 부
처님 일[佛事]을 하는 것이 다함이 없는 지혜 바다의 법
이니라."

일체 모든 부처님의 부처님 공덕을 찬탄함과, 옛적에 닦
은 갖가지 원과 행과, 오는 세월이 끝나도록 항상 부처님 일
을 하는 것이 다함이 없는 지혜 바다와 상응한다.

일체제불   요지일체중생심행   무진 지해
一切諸佛의 了知一切衆生心行하는 無盡智海

대방광불화엄경 강설

법　　일체제불　　복지장엄　　무능과자　무진지
法과 **一切諸佛**의 **福智莊嚴**이 **無能過者**인 **無盡智**

해법　시위십
海法이 **是爲十**이니라

"일체 모든 부처님의 일체 중생의 마음이 행하는 것을 앎이 다함이 없는 지혜 바다의 법이요, 일체 모든 부처님의 복과 지혜로 장엄한 것을 그보다 뛰어날 이 없음이 다함이 없는 지혜 바다의 법이니, 이것이 열이니라."

또 일체 중생의 마음이 행하는 것을 아는 것과, 복과 지혜로 장엄한 것을 그보다 뛰어날 이 없음이 다함이 없는 지혜 바다와 상응한다. 이와 같이 부처님의 불가사의함은 참으로 불가사의하다.

(5) 열 가지 항상한 법

불자　　제불세존　　유십종상법　　　하등　위
佛子야 **諸佛世尊**이 **有十種常法**하시니 **何等**이 **爲**

십고 所謂一切諸佛이 常行一切諸波羅蜜하며 一
切諸佛이 於一切法에 常離迷惑하며 一切諸佛이
常具大悲하며 一切諸佛이 常有十力하며 一切諸佛
이 常轉法輪하며

"불자여, 모든 부처님 세존께는 열 가지 항상한 법이
있으니, 무엇이 열인가. 이른바 일체 모든 부처님이 일
체 모든 바라밀다를 항상 행하고, 일체 모든 부처님이
일체 법에 항상 미혹을 여의고, 일체 모든 부처님이 크
게 가엾이 여김을 항상 갖추고, 일체 모든 부처님이 열
가지 힘을 항상 지니고, 일체 모든 부처님이 법륜을 항
상 굴리느니라."

부처님이 바라밀다를 행하는 것과, 일체 법에 미혹을 여
의는 것과, 크게 가엾이 여기는 것과, 열 가지 힘을 지니는 것
과, 법륜을 굴리는 것은 부처님의 불사다. 불사는 한두 번

하고 그만두는 것이 아니다. 세세생생 영원히 하는 것이 불사다. 그러므로 항상 하신다.

일체제불　상위중생　시성정각　일체
一切諸佛이 **常爲衆生**하야 **示成正覺**하며 **一切**

제불　상락조복일체중생　일체제불　심상
諸佛이 **常樂調伏一切衆生**하며 **一切諸佛**이 **心常**

정념불이지법　일체제불　화중생이　상시
正念不二之法하며 **一切諸佛**이 **化衆生已**에 **常示**

입어무여열반　일체제불　경계무변제고
入於無餘涅槃하며 **一切諸佛**이 **境界無邊際故**가

시위십
是爲十이니라

"일체 모든 부처님이 중생을 위하여 바른 깨달음을 항상 이루고, 일체 모든 부처님이 일체 중생을 조복하기를 항상 좋아하고, 일체 모든 부처님이 둘이 아닌 법을 항상 바르게 생각하고, 일체 모든 부처님이 중생을 교화하고는 항상 남음이 없는 열반에 드시니, 일체 모든 부처님의 경계가 그지없는 연고이니라. 이것이 열이니라."

중생을 위하여 바른 깨달음을 이루고, 일체 중생을 조복하기를 좋아하고, 둘이 아닌 법을 바르게 생각하고, 중생을 교화하고는 남음이 없는 열반에 드는 것을 항상 보이신다. 역시 부처님의 불사이므로 쉬는 일이 없다. 보살이 어찌 쉬는 일이 있겠는가. 허공은 다함이 있을지언정 보살의 중생을 위한 서원은 다함이 없기 때문이다.

6) 음성을 답하다

(1) 열 가지 한량없는 연설

불자 제불세존 유십종연설무량제불법
佛子야 **諸佛世尊**이 **有十種演說無量諸佛法**

문 하등 위십 소위일체제불 연설무량
門하시니 **何等**이 **爲十**고 **所謂一切諸佛**이 **演說無量**

중생계문 일체제불 연설무량중생행문
衆生界門과 **一切諸佛**이 **演說無量衆生行門**과

"불자여, 모든 부처님 세존께는 열 가지로 한량없는 모든 부처님의 법문을 연설함이 있으니, 무엇이 열인가.

이른바 일체 모든 부처님이 한량없는 중생세계의 문을 연설하며, 일체 모든 부처님이 한량없는 중생의 행行의 문門을 연설하느니라."

부처님이 한량없는 불법을 연설하는 데는 한량없는 중생세계를 연설하며 또한 한량없는 중생의 행을 연설한다. 중생을 건지기 위해서 중생에 대한 설법이 한량이 없다는 것을 밝혔다.

일체 제불   연설무량중생업과문   일체제
一切諸佛이 演說無量衆生業果門과 一切諸

불   연설무량화중생문   일체제불   연설무량
佛이 演說無量化衆生門과 一切諸佛이 演說無量

정중생문   일체제불   연설무량보살행문
淨衆生門과 一切諸佛이 演說無量菩薩行門과

"일체 모든 부처님이 한량없는 중생의 업業과 과보果報의 문을 연설하며, 일체 모든 부처님이 한량없는 중생을 교화하는 문을 연설하며, 일체 모든 부처님이 한량없는 중생을 깨끗하게 하는 문을 연설하며, 일체 모든 부처님이 한량없는 보살의 행의 문을 연설하느니라."

또 중생을 교화하기 위해서 중생들의 업과 그 과보를 설하고, 중생을 교화하는 일을 설하고, 중생을 깨끗하게 하는 일을 설하고, 한량없는 보살행을 설한다.

　　일 체 제 불　　연 설 무 량 보 살 원 문　　일 체 제 불
　　一切諸佛이 演說無量菩薩願門과 一切諸佛이

연 설 무 량 일 체 세 계 성 괴 겁 문　　일 체 제 불　　연 설
演說無量一切世界成壞劫門과 一切諸佛이 演說

무 량 보 살 심 심 정 불 찰 문
無量菩薩深心淨佛刹門과

"일체 모든 부처님이 한량없는 보살의 서원의 문을 연설하며, 일체 모든 부처님이 한량없는 일체 세계가 이룩되고 무너지는 겁의 문을 연설하며, 일체 모든 부처님이 한량없는 보살의 깊은 마음으로 부처님 세계를 청정하게 하는 문을 연설하느니라."

보살행과 아울러 한량없는 보살의 서원에 대해서 설하고, 한량없는 일체 세계가 이뤄지고 무너지는 시간의 문제에 대해서 설하고, 보살의 한량없이 깊고 깊은 마음으로 세상을 청정하게 하려는 일을 설한다. 특히 오늘날에는 생활환경 보호와 지구환경 보호에 대해서 마음을 많이 쓴다. 환경을 보호하는 일은 곧 중생을 보호하는 일이 되기 때문이다.

일체제불　연설무량일체세계삼세제불　어
一切諸佛이 演說無量一切世界三世諸佛이 於

피피겁　차제출현문　일체제불　연설일체제
彼彼劫에 次第出現門과 一切諸佛이 演說一切諸

불지문　시위십
佛智門이 是爲十이니라

"일체 모든 부처님이 한량없는 일체 세계에 세 세상 모든 부처님들이 저 여러 겁 동안에 차례로 나타나는 문을 연설하며, 일체 모든 부처님이 일체 모든 부처님 지혜의 문을 연설하나니, 이것이 열이니라."

또 한량없는 일체 세계에 과거 현재 미래의 모든 부처님들이 저 여러 겁 동안에 차례로 나타나는 일을 설하며, 일체 모든 부처님의 지혜에 대해서 설한다. 부처님의 설법이 어찌 이와 같은 열 가지뿐이겠는가.

(2) 중생을 위해 불사를 짓다

佛子_야 諸佛世尊_이 有十種爲衆生作佛事_{하시니}

何等_이 爲十_고 所謂一切諸佛_이 示現色身_{하사} 爲

衆生作佛事_{하며} 一切諸佛_이 出妙音聲_{하사} 爲衆

生作佛事_{하며}

"불자여, 모든 부처님 세존께는 열 가지로 중생을 위하여 불사佛事를 짓는 일이 있으니, 무엇이 열인가. 이른 바 일체 모든 부처님이 육신을 나타내어 중생을 위하여 불사를 지으며, 일체 모든 부처님이 묘한 음성을 내어 중생을 위하여 불사를 짓느니라."

모든 부처님 세존은 처음부터 끝까지 중생을 위해 불사를 짓는 일뿐이다. 부처님께서 중생을 교화하는 일 외에 또 무슨 일이 있겠는가. 육신의 모습을 나타내는 것도 중생을 위해 불사를 짓는 일이며, 아름다운 음성을 내는 일도 중생을 교화하기 위해 불사를 짓는 일이다.

일체제불   유소수   위중생작불사   일
一切諸佛이 有所受하사 爲衆生作佛事하며 一

체제불   무소수   위중생작불사   일체제
切諸佛이 無所受하사 爲衆生作佛事하며 一切諸

불   이지수화풍   위중생작불사
佛이 以地水火風으로 爲衆生作佛事하며

"일체 모든 부처님이 느끼어 받는 것이 있으면서 중생을 위하여 불사를 지으며, 일체 모든 부처님이 느끼어 받는 것이 없으면서 중생을 위하여 불사를 지으며, 일체 모든 부처님이 지대·수대·화대·풍대로 중생을 위하여 불사를 짓느니라."

모든 부처님은 느끼어 받는 것[感受]이 있거나 없거나 모두 중생을 위해서 불사를 지으며 지·수·화·풍으로도 중생을 위해 불사를 짓는다. 즉 일체 자연환경을 느끼거나 느끼지 않거나 모두가 중생을 위해 불사를 짓는 일이다.

일체 제 불　　신 력 자 재　　　시 현 일 체 소 연 경 계
一切諸佛이 神力自在하사 示現一切所緣境界

위 중 생 작 불 사　　일 체 제 불　　종 종 명 호　　위
하야 爲衆生作佛事하며 一切諸佛이 種種名號로 爲

중 생 작 불 사
衆生作佛事하며

"일체 모든 부처님이 자재한 신통력으로 일체 반연할 경계를 나타내어 중생을 위하여 불사를 지으며, 일체 모든 부처님이 갖가지 이름으로 중생을 위하여 불사를 짓느니라."

부처님께서 신통력이 자재하여 일체 반연할 경계를 나타내어 중생을 위하여 불사를 지으며, 또 갖가지 이름으로 중

생을 위하여 불사를 짓는다. 그 이름만 들어도 교화를 받는 중생이 많기 때문이다.

일체 제 불　　이 불 찰 경 계　　위 중 생 작 불 사
一切諸佛이 **以佛刹境界**로 **爲衆生作佛事**하며

일체 제 불　　엄 정 불 찰　　위 중 생 작 불 사　　일
一切諸佛이 **嚴淨佛刹**하사 **爲衆生作佛事**하며 **一**

체 제 불　　적 막 무 언　　위 중 생 작 불 사　　시 위 십
切諸佛이 **寂寞無言**하사 **爲衆生作佛事**가 **是爲十**

이니라

"일체 모든 부처님이 부처님 세계의 경계로써 중생을 위하여 불사를 지으며, 일체 모든 부처님이 부처님 세계를 깨끗이 장엄하여 중생을 위하여 불사를 지으며, 일체 모든 부처님이 적막하게 말이 없어 중생을 위하여 불사를 짓나니, 이것이 열이니라."

부처님 세계의 경계로써 중생을 위하여 불사를 짓기도 하고, 또 부처님은 묵묵히 아무런 말씀이 없어도 중생을 위해

불사를 짓는 것이다.

7) 지혜를 답하다

(1) 열 가지 가장 수승한 법

불자   제불세존   유십종최승법   하등
佛子야 諸佛世尊이 有十種最勝法하시니 何等이

위십   소위일체제불   대원견고   불가저괴
爲十고 所謂一切諸佛이 大願堅固하사 不可沮壞

      소언필작   언무유이   일체제불 위욕
하고 所言必作하사 言無有二하며 一切諸佛이 爲欲

원만일체공덕   진미래겁   수보살행   불
圓滿一切功德하사 盡未來劫토록 修菩薩行하야 不

생 해 권
生懈倦하며

"불자여, 모든 부처님 세존께는 열 가지 가장 수승한
법이 있으니, 무엇이 열인가. 이른바 일체 모든 부처님
이 큰 서원이 견고하여 깨뜨릴 수 없으며 말한 대로 실

행하여 두 말이 없느니라. 일체 모든 부처님이 일체 공덕을 원만케 하기 위하여 오는 세월이 끝나도록 보살의 행을 닦아 게으르지 않으니라."

부처님의 법은 일체가 다 수승하다. 그 가운데서 열 가지를 선택하였다. 큰 서원이 견고하여 깨뜨릴 수 없는 것과 말한 대로 반드시 실행하여 두 말이 없고 다른 말이 없는 것과, 일체 공덕을 원만케 하기 위하여 오는 세월이 끝나도록 보살의 행을 닦아 게으르지 않은 것이다.

일체 제 불   위 욕 조 복 일 체 (일) 중 생 고   왕 불
一切諸佛이 爲欲調伏一切(一)衆生故로 往不

가 설 불 가 설 세 계   여 시 이 위 일 체 중 생   이
可說不可說世界하사 如是而爲一切衆生하야 而

무 단 절
無斷絶하며

"일체 모든 부처님이 일체(한) 중생을 조복하기 위하여 말할 수 없이 말할 수 없는 세계를 다니듯이 이와 같

이 일체 중생을 위하여 사이가 끊어지지 않게 하느니라."

또 부처님은 단 한 명의 중생을 조복하기 위해서 무수한 세계를 다니는 것이 견딜 수 없는 뜨겁고 간절한 마음이다. 즉 부처님은 단 한 명의 중생을 교화하기 위해서 무수한 세계를 돌아다니며 한없는 정성과 노력을 기울인다. 하물며 일체 중생을 교화하고 조복하기 위해서라면 오죽하겠는가. 진정으로 중생을 위해서 산다는 확고한 소신이 있는 부처님이라면 숫자의 많고 적음에 마음 쓰지 않는다. 보살 부처님은 한 중생에게 하듯이 일체 중생에게도 그와 같이 한다.

일체제불 어신어훼이종중생 대비보관
一切諸佛이 於信於毁二種衆生에 大悲普觀

평등무이
하사 平等無異하며

"일체 모든 부처님이 믿는 중생과 헐뜯는 중생의 두 종류 중생을 큰 자비로 평등하게 보고 다름이 없느니라."

부처님의 수승한 법 가운데 자신을 믿거나 자신을 헐뜯거나 간에 크게 어여삐 여기는 마음으로 평등하게 보는 것이다. 우리는 그동안 얼마나 사람들을 차별하면서 살았는가. 반드시 기억하고 닦아야 할 일이다.

대만의 증엄證嚴스님은 회교 성당과 기독교 교회와 천주교 성당을 수차례 지어서 그들이 예배를 보는 데 불편함이 없도록 보살펴 주었다고 우리나라 방송국에서 취재하여 방영하기도 하였다. 이교도들의 주택을 지어 준 것은 헤아릴 수 없이 많다. 이것이 곧 진정한 부처님의 마음이다. 참으로 불교의 수승한 법이다.

일 체 제 불　　종 초 발 심　　　내 지 성 불　　종 불 퇴
一切諸佛이 從初發心으로 乃至成佛이 終不退
실 보 리 지 심
失菩提之心하며

"일체 모든 부처님이 처음 마음을 낼 때부터 부처를 이룰 때까지 보리심이 퇴전하지 않느니라."

그리고 부처님은 처음 마음을 낼 때부터 부처를 이룰 때까지 보리심이 퇴전하지 않았다. 우리는 얼마나 물러서기를 잘하며 게으름을 잘 피우는가.

일체제불   적집무량제선공덕   개이회향
一切諸佛이 積集無量諸善功德하사 皆以廻向

일체지성   어제세간   종무염착
一切智性하야 於諸世間에 終無染着하며

"일체 모든 부처님이 한량없는 모든 착한 공덕을 쌓아서 일체 지혜의 성품에 회향하면서 모든 세간에 물들지 않느니라."

부처님은 한량없는 모든 착한 공덕을 쌓아서 일체 지혜의 성품에 회향하면서 모든 세간에 물들지 않는다. 이 또한 수승한 법이다.

일체제불   어제불소   수학삼업   유행불
一切諸佛이 於諸佛所에 修學三業호대 唯行佛

행　　비 이 승 행　　개 위 회 향 일 체 지 성　　성 어
行이요 **非二乘行**이라 **皆爲廻向一切智性**하야 **成於**

무 상 정 등 보 리
無上正等菩提하며

"일체 모든 부처님이 모든 부처님 계신 데서 세 가
지 업을 닦으면서 오직 부처님의 행行만 행하고 이승二乘
의 행은 행하지 않으며, 일체 지혜의 성품에 회향하여
가장 높고 바르고 평등한 보리를 이루느니라."

서산대사西山大師의 선가귀감 서문에, "옛날에 부처를 배
우는 이들은 부처님의 말씀이 아니면 말하지 않았고, 부처
님의 행실이 아니면 행하지 않았다. 그러므로 그들이 보배로
여기는 것은 오직 경전의 거룩한 글뿐이었는데 지금 부처를
배우는 이들은 전하여 가면서 외우는 것이 세속 선비들의 시
뿐이다."[2] 라고 하였다.

---

2) 禪家龜鑑 序 古之學佛者는 非佛之言이면 不言하고 非佛之行이면 不行也라.
故로 所寶者가 惟貝葉靈文而已이러니 今之學佛者는 傳而誦士大夫之詩라.

일체제불　방대광명　기광평등　　조일체
一切諸佛이 放大光明에 其光平等하야 照一切

처　　급조일체제불지법　　영제보살　심득
處하고 及照一切諸佛之法하사 令諸菩薩로 心得

청정　　만일체지
淸淨하야 滿一切智하며

"일체 모든 부처님이 큰 광명을 놓는데 그 광명이 평
등하게 모든 곳을 비추고 일체 모든 부처님 법을 비추
어서 모든 보살들로 하여금 마음이 청정하여 일체 지혜
를 만족케 하느니라."

큰 광명을 놓는데 그 광명이 평등하게 모든 곳을 비추고
일체 모든 부처님 법을 비추어서 모든 보살들로 하여금 마
음이 청정하여 일체 지혜를 만족케 한다. 이것이 또 부처님의
수승한 법이다.

일체제불　　사리세락　　불탐불염　　이보
一切諸佛이 捨離世樂하야 不貪不染하고 而普

원 세 간   이 고 득 락   무 제 희 론
願世間으로 **離苦得樂**하야 **無諸戲論**하며

"일체 모든 부처님이 세상의 즐거움을 버리고 탐하거나 물들지 아니하며, 세간 사람들이 괴로움을 여의고 낙을 얻기를 널리 발원하여 일절 부질없는 말[戲論]이 없느니라."

세상의 즐거움을 버리고 탐하거나 물들지 아니하며, 세간 사람들이 괴로움을 여의고 낙을 얻기를 널리 발원하여 실천한다. 발원이 실천으로 옮겨지는 것은 보통의 사람들로서는 어려운 일이다.

일 체 제 불   민 제 중 생   수 종 종 고   수 호 불
一切諸佛이 **愍諸衆生**의 **受種種苦**하사 **守護佛**

종   행 불 경 계   출 리 생 사   체 십 력 지   시
種하고 **行佛境界**하야 **出離生死**하야 **逮十力地**가 **是**

위 십
爲十이니라

"일체 모든 부처님이 모든 중생들이 여러 가지 고통 받는 것을 딱하게 여겨 부처님의 종성種性을 수호하며 부처님의 경계를 행하여 생사를 벗어나서 열 가지 힘의 경지에 이르게 하나니, 이것이 열이니라."

모든 중생들이 여러 가지 고통 받는 것을 딱하게 여겨 부처님의 종성을 수호하며, 부처님의 경계를 행하여 생사를 벗어나서 열 가지 힘의 경지에 이르게 한다. 이것이 또 부처님의 수승한 법이다.

(2) 열 가지 장애 없이 머무름

불자   제불세존   유십종무장애주   하등
佛子야 諸佛世尊이 有十種無障礙住하시니 何等

위십   소위일체제불   개능왕일체세계
이 爲十고 所謂一切諸佛이 皆能往一切世界하사

무장애주   일체제불   개능주일체세계   무
無障礙住하며 一切諸佛이 皆能住一切世界하사 無

장애주
障礙住하며

"불자여, 모든 부처님 세존께는 열 가지 장애 없이 머무름이 있으니, 무엇이 열인가. 이른바 일체 모든 부처님이 일체 세계에 가서 장애 없이 머물며, 일체 모든 부처님이 일체 세계에 있으면서 장애 없이 머무느니라."

일체 모든 부처님은 어디든 가고 머무름에 장애가 없음을 밝혔다. 불신은 법계에 이미 충만한데 가도 가는 것이 아니고 머물러도 머무른 것이 아니다. 그러므로 장애가 없다.

일 체 제 불　　개 능 어 일 체 세 계　　행 주 좌 와
一切諸佛이 皆能於一切世界에 行住坐臥하사

무 장 애 주　　일 체 제 불　　개 능 어 일 체 세 계　　연
無障礙住하며 一切諸佛이 皆能於一切世界에 演

설 정 법　　무 장 애 주
說正法하사 無障礙住하며

"일체 모든 부처님이 일체 세계에서 가고 서고 앉고 누우면서 장애 없이 머물고, 일체 모든 부처님이 일체 세계에서 바른 법을 연설하면서 장애 없이 머무느니라."

또 부처님은 일체 세계에서 가고 서고 앉고 누우면서 장애 없이 머물고, 정법을 연설하면서 장애 없이 머문다. 행주좌와와 어묵동정과 일거수일투족에 낱낱이 장애 없이 머문다.

일체 제 불   개 능 어 일 체 세 계   주 도 솔 천 궁
一切諸佛이 皆能於一切世界에 住兜率天宮하사

무 장 애 주   일 체 제 불   개 능 입 법 계 일 체 삼 세
無障礙住하며 一切諸佛이 皆能入法界一切三世

　　무 장 애 주
하사 無障礙住하며

"일체 모든 부처님이 일체 세계에서 도솔천궁에 있으면서 장애 없이 머물며, 일체 모든 부처님이 능히 법계의 일체 삼세에 들어가서 장애 없이 머무느니라."

또 일체 세계에서 도솔천궁에 있으나 법계의 일체 삼세에 들어가는 데도 장애 없이 머문다. 부처님의 법신은 우주법계에 이미 충만해 있거늘 어디를 간들 장애가 있겠는가.

一切諸佛이 皆能坐法界一切道場하사 無障礙
住하며 一切諸佛이 皆能念念觀一切衆生心行하고
以三種自在로 敎化調伏하사 無障礙住하며

"일체 모든 부처님이 법계의 일체 도량에 앉아서 장애 없이 머물며, 일체 모든 부처님이 생각 생각마다 일체 중생의 마음 행하는 것을 살펴보고 세 가지 자유자재함으로 교화하고 조복해 장애 없이 머무느니라."

또 법계의 일체 도량에 앉으나 생각 생각마다 일체 중생의 마음 행하는 것을 살펴보고 세 가지 업業이 자유자재함으로 교화하고 조복함에도 장애 없이 머문다.

一切諸佛이 皆能以一身으로 住無量不思議佛
所와 及一切處하사 利益衆生하야 無障礙住하며 一

체 제 불　개 능 개 시 무 량 제 불　소 설 정 법　　무
切諸佛이 **皆能開示無量諸佛**의 **所說正法**하사 **無**

장 애 주　시 위 십
障礙住가 **是爲十**이니라

　"일체 모든 부처님이 한 몸으로써 한량없고 부사의
한 부처님 계신 데와 일체 곳에 있으면서 중생을 이익
하게 하여 장애 없이 머물며, 일체 모든 부처님이 한량
없는 모든 부처님들이 말씀하신 바른 법을 열어 보이면
서 장애 없이 머무나니, 이것이 열이니라."

　또 일체 모든 부처님은 한 몸으로써 한량없고 불가사의
한 부처님 계신 데 있으나 일체 곳에 있으나 일체 중생을 이
익하게 하여 장애 없이 머문다. 이상이 열 가지 장애 없이 머
무는 것이다.

(3) 열 가지 가장 수승하고 더없는 장엄

불 자　제 불 세 존　유 십 종 최 승 무 상 장 엄
佛子야 **諸佛世尊**이 **有十種最勝無上莊嚴**하시니

何等_이 爲十_고 所謂一切諸佛_이 皆悉具足諸相隨

好_가 是爲諸佛_의 第一最勝無上身莊嚴_{이요}

　"불자여, 모든 부처님 세존께는 열 가지 가장 수승하
고 더없는 장엄이 있으니, 무엇이 열인가. 이른바 일체
모든 부처님이 여러 가지 몸매와 잘생긴 모양을 구족하
였으니, 이것이 모든 부처님의 첫째인 가장 훌륭하고
더없는 몸의 장엄이니라."

　모든 부처님은 32상相과 80종호種好와 97대인상大人相을
갖추었다고 한다. 이와 같은 모습은 다른 어느 누구도 가질
수 없는 몸의 장엄이다. 그래서 가장 수승하고 더없는 장엄
이라고 한다. 부처님의 삼업 중 신업身業의 가장 수승하고 더
없는 장엄이다.

一切諸佛_이 皆悉具足六十種音_{하사} 一一音_에

유오백분　　일일분　　무량백천 청정 지음
有五百分하며 一一分에 無量百千淸淨之音으로

이 위 엄 호　　능 어 법 계 일 체 중 중　　무 제 공 포
以爲嚴好하야 能於法界一切衆中에 無諸恐怖한

대 사 자 후　　연 설 여 래 심 심 법 의　　중 생 문 자
大獅子吼로 演說如來甚深法義어든 衆生聞者가

미 불 환 희　　수 기 근 욕　　실 득 조 복　　시 위 제
靡不歡喜하야 隨其根欲하야 悉得調伏이 是爲諸

불　제 이 최 승 무 상 어 장 엄
佛의 第二最勝無上語莊嚴이요

"일체 모든 부처님이 육십 가지 음성을 갖추었고, 낱낱 음성마다 오백 가지 부분이 있고, 낱낱 부분마다 한량없는 백천 가지 청정한 음성으로 훌륭하게 장엄하였으므로, 능히 법계의 모든 대중 가운데서 두려움 없는 큰 사자후로써 여래의 매우 깊은 법과 뜻을 연설하면, 듣는 중생들이 모두 즐거워서 그들의 근성과 욕망을 따라서 다 조복하나니, 이것이 모든 부처님의 둘째인 가장 훌륭하고 더없는 말의 장엄이니라."

또 일체 모든 부처님은 60가지 음성을 갖추었고, 낱낱 음

성마다 500가지 부분이 있고, 낱낱 부분마다 한량없는 백천 가지 청정한 음성으로 훌륭하게 장엄하였다. 참으로 가장 수승하고 더없는 장엄이다. 부처님의 삼업 중 구업口業의 가장 수승하고 더없는 장엄이다.

일체제불　개구십력　제대삼매　십팔불공
一切諸佛이 皆具十力과 諸大三昧와 十八不共

장엄의업　소행경계　통달무애　일체
으로 莊嚴意業하사 所行境界에 通達無礙하며 一切

불법　함득무여　법계장엄　이위장엄
佛法에 咸得無餘하며 法界莊嚴으로 而爲莊嚴하며

법계중생　심지소행　거래현재　각각차별
法界衆生의 心之所行이 去來現在에 各各差別을

어일념중　실능명견　시위제불　제삼최승무
於一念中에 悉能明見이 是爲諸佛의 第三最勝無

상의장엄
上意莊嚴이요

"일체 모든 부처님이 열 가지 힘[十力]과 모든 큰 삼매와 열여덟 가지 함께하지 아니함[十八不共]을 갖추어서 뜻의 업을 장엄하고 행하는 바의 경계를 걸림 없이 통달하며, 일체 모든 부처님의 법을 남김없이 얻어서 법계의 장엄으로 장엄하며, 법계의 중생들이 마음으로 행하는 과거 미래 현재의 각각 차별한 것을 한 생각에 모두 밝게 보나니, 이것이 모든 부처님의 셋째인 가장 훌륭하고 더없는 뜻의 장엄이니라."

또 일체 모든 부처님은 열 가지 힘과 모든 큰 삼매와 열여덟 가지 함께하지 아니함을 갖추어서 뜻의 업을 장엄하고 행하는 바의 경계를 걸림 없이 통달하였는데 삼업 중 의업意業의 가장 수승하고 더없는 장엄이다.

일체제불　개실능방무수광명　일일광명
一切諸佛이 皆悉能放無數光明하사 一一光明

유불가설광명망　이위권속　보조일체
에 有不可說光明網으로 以爲眷屬하야 普照一切

제불국토　멸제일체세간흑암　시현무량
諸佛國土하야 滅除一切世間黑闇하며 示現無量

제불출흥　　기신평등　　실개청정　　소작불
諸佛出興호대 **其身平等**하야 **悉皆淸淨**하야 **所作佛**

사　함부당연　　능령중생　　지불퇴전　시위
事가 **咸不唐捐**하야 **能令衆生**으로 **至不退轉**이 **是爲**

제불　　제사최승무상광명장엄
諸佛의 **第四最勝無上光明莊嚴**이요

　"일체 모든 부처님이 모두 다 무수한 광명을 놓거든
낱낱 광명마다 말할 수 없는 광명 그물로 권속을 삼고,
모든 부처님의 국토를 비추어 일체 세간의 캄캄함을 없
애며, 한량없는 부처님이 나타나심을 보이는데 그 몸이
평등하여 모두 청정하며, 불사를 짓는 일도 헛되지 아
니하여 중생들로 하여금 물러나지 않는 자리에 이르게
하나니, 이것이 모든 부처님의 넷째인 가장 훌륭하고
더없는 광명의 장엄이니라."

　가장 수승하고 더없는 광명을 놓는 장엄이다. 광명에는
눈으로 보는 사물이나 빛의 광명과 귀로 듣는 설법의 광명
과 마음으로 경험하는 깨달음의 광명이 있다. 이러한 광명
이 일체 세간의 번뇌의 어둠을 소멸하고 한량없는 부처님이

출현하여 중생 교화라는 불사 지음을 나타내 보인다.

일체 제불　　현미소시　　개어구중　　방백천억
一切諸佛이 現微笑時에 皆於口中에 放百千億

나유타아승지광명　　　　일일광명　　각유무량
那由他阿僧祇光明이어시든 一一光明에 各有無量

부사의종종색　　변조시방일체세계　　　어대
不思議種種色하야 徧照十方一切世界하야 於大

중중　　발성실어　　수무량무수부사의중생
衆中에 發誠實語하야 授無量無數不思議衆生의

아뇩다라삼먁삼보리기　　시위제불　　제오이
阿耨多羅三藐三菩提記가 是爲諸佛의 第五離

세치혹최승무상현미소장엄
世癡惑最勝無上現微笑莊嚴이요

　"일체 모든 부처님이 미소 지을 때에 입으로 모두 백
천억 나유타 아승지 광명을 놓고, 낱낱 광명마다 한량
없고 헤아릴 수 없는 가지각색의 빛이 있어 시방 일체
세계를 두루 비추면서, 대중 가운데서 진실한 말씀으로
한량없고 수없고 헤아릴 수 없는 중생에게 아뇩다라삼

먁삼보리의 수기를 주시나니, 이것이 모든 부처님의 다섯째 세상의 어리석음을 여의는 가장 훌륭하고 더없는 미소를 나타내는 장엄이니라."

일체 모든 부처님이 미소를 지어 입으로부터 백천억 나유타 광명을 놓고 그 광명이 시방세계를 비추며 진실한 말로 한량없는 불가사의한 중생들에게 가장 높은 깨달음의 수기를 준다. 이것은 미소를 나타내는 장엄이다. 실로 사람에게 있어서 미소보다 훌륭한 장엄은 없을 것이다.

일체 제불　개 유법신　청 정 무 애　어 일
一切諸佛이 **皆有法身**하사 **清淨無礙**하야 **於一**

체법　구 경 통 달　주 어 법 계　무 유 변 제
切法에 **究竟通達**하며 **住於法界**하야 **無有邊際**하며

수 재 세 간　불 여 세 잡　요 세 실 성　행 출 세
雖在世間이나 **不與世雜**하며 **了世實性**하야 **行出世**

법　언 어 도 단　초 온 계 처　시 위 제 불　제 육
法하며 **言語道斷**하야 **超蘊界處**가 **是爲諸佛**의 **第六**

최 승 무 상 법 신 장 엄
最勝無上法身莊嚴이요

"일체 모든 부처님이 다 법신法身이 있으니 청정하여 걸림이 없고, 일체 법을 끝까지 통달하여 그지없는 법계에 머물며, 비록 세간에 있어도 세간과 섞이지 아니하고, 세간의 참된 성품을 알고 출세간법을 행하며, 언어의 길이 끊어져서 오온과 십팔계와 십이처를 초월하나니, 이것이 모든 부처님의 여섯째 가장 훌륭하고 더 없는 법신의 장엄이니라."

사람에게는 두 가지 길이 있다. 하나는 오온과 십이처와 십팔계라는 육신과 생각과 감정의 길이고, 또 하나는 오온과 십이처와 십팔계라는 육신과 생각과 감정과 말이 끊어지고 그것을 초월한 법신의 길이다. 앞의 것은 거짓 나이고 뒤의 것은 참나이다. 차별 없는 참사람이며 참마음의 길이다. 법신이며 참나이며 참사람이며 참마음은 일체 법에 끝까지 사무쳐 있다. 이것을 떠나서 일체 법은 존재할 수 없다. 이것이 진정한 장엄이다.

일체제불　개유무량상묘광명　불가설불
一切諸佛이 **皆有無量常妙光明**이 **不可說不**

가설종종색상　이위엄호　위광명장　출
可說種種色相으로 **以爲嚴好**하야 **爲光明藏**하야 **出**

생무량원만광명　보조시방　무유장애
生無量圓滿光明하야 **普照十方**하사 **無有障礙**가

시위제불　제칠최승무상상묘광명장엄
是爲諸佛의 **第七最勝無上常妙光明莊嚴**이요

　"일체 모든 부처님이 한량없는 항상하고 미묘한 광
명이 있는데 말할 수 없이 말할 수 없는 갖가지 색상으
로 잘 장엄하였으며, 광명의 곳집[藏]이 되어 한량없이
원만한 광명을 내어 시방을 두루 비추되 막힘이 없나
니, 이것이 모든 부처님의 일곱째 가장 훌륭하고 더없
는 항상하고 미묘한 광명의 장엄이니라."

　광명이란 참나이며 참마음이며 차별 없는 참사람이며 진
여불성이다. 이 광명이 훌륭하고 더없는 항상하고 미묘한
광명의 장엄이다.

일체제불 개유무변묘색 가애묘색 청정
一切諸佛이 皆有無邊妙色과 可愛妙色과 淸淨

묘색 수심소현묘색 영폐일체삼계묘색 도
妙色과 隨心所現妙色과 暎蔽一切三界妙色과 到

어피안무상묘색 시위제불 제팔최승무상묘
於彼岸無上妙色이 是爲諸佛의 第八最勝無上妙

색장엄
色莊嚴이요

"일체 모든 부처님이 그지없이 묘한 빛과 사랑스러
운 묘한 빛과 청정한 묘한 빛과 마음대로 나타나는 묘
한 빛과 온갖 세 세계를 가려 무색케 하는 묘한 빛과 저
언덕에 이르는 더없이 묘한 빛이 있으니, 이것이 모든
부처님의 여덟째 가장 훌륭하고 더없는 묘한 빛 장엄이
니라."

부처님에게는 그지없이 묘한 빛과 사랑스러운 묘한 빛과
청정한 묘한 빛과 마음대로 나타나는 묘한 빛과 온갖 세 세
계를 가려 무색케 하는 묘한 빛과 저 언덕에 이르는 더없이
묘한 빛이 있다. 이것이 부처님의 불가사의한 경계이다.

一切諸佛이 皆於三世佛種中生하사 積衆善寶

하야 究竟淸淨하며 無諸過失하야 離世譏謗하며 一切

法中에 最爲殊勝하사 淸淨妙行之所莊嚴으로 具

足成就一切智智하야 種族淸淨하야 無能譏毀가

是爲諸佛의 第九最勝無上種族莊嚴이요

"일체 모든 부처님이 세 세상의 부처님 종성에 태어
나되 여러 가지 훌륭한 보배를 모은 것이 끝까지 청정
하여 여러 가지 허물이 없고 세상의 비방을 떠났으며,
일체 법 가운데 가장 수승하여 청정하고 미묘한 행으로
장엄하였으며, 일체 지혜의 지혜를 구족하게 성취하였
고 종족이 훌륭하여 헐뜯는 이가 없나니, 이것이 모든
부처님의 아홉째 가장 훌륭하고 더없는 종족의 장엄이
니라."

이 세상은 가문이니 문벌이니 종족이니 하는 것으로 사

람들을 평가한다. 석가세존은 인도사회에서 두 번째 계급인 정치가의 집안 출신이다. 평소 사회적 지위가 가장 높은 바라문들을 보고 "출신이 바라문을 만드는 것이 아니라 그 사람의 행동이 바라문다워야 진정한 바라문이다."라고 하였다. 모든 부처님은 그 삼업이 부처님다우므로 부처님의 종성으로 장엄한 것이다. 부처님의 종성은 세상에서 가장 존귀한 종성이기 때문이다.

일체 제 불　　이 대 자 력　　장 엄 기 신　　구 경
一切諸佛이 以大慈力으로 莊嚴其身하야 究竟

청 정　　　무 제 갈 애　　신 행 영 식　　심 선 해 탈
淸淨하며 無諸渴愛하야 身行永息하며 心善解脫하야

견 자 무 염　　대 비 구 호 일 체 세 간　　제 일 복 전
見者無厭하며 大悲救護一切世間하야 第一福田

무 상 수 자　　애 민 이 익 일 체 중 생　　실 령 증 장 무
無上受者며 哀愍利益一切衆生하야 悉令增長無

량 복 덕 지 혜 지 취　　시 위 제 불　　제 십 최 승 무 상
量福德智慧之聚가 是爲諸佛의 第十最勝無上

대 자 대 비 공 덕 장 엄　　　시 위 십
大慈大悲功德莊嚴이니 **是爲十**이니라

　"일체 모든 부처님이 크게 인자한 힘으로 그 몸을 장
엄하고, 끝까지 청정하여 모든 갈애渴愛가 없어 몸으로
행함이 아주 쉬었고, 마음이 잘 해탈하여 보는 이가 싫
어하지 않으며, 크게 가엾이 여김으로 모든 세상을 구
호하여 제일가는 복전이므로 부처님보다 복을 더 많이
받을 이가 없으며, 일체 중생을 불쌍히 여기고 이익하
게 하여 한량없는 복덕과 지혜의 무더기를 증장케 하나
니, 이것이 모든 부처님의 열째 가장 훌륭하고 더없는
대자대비한 공덕의 장엄이니라. 이것이 열이니라."

　부처님의 수많은 장엄 중에 일체 중생을 크게 가엾이 여
김으로 모든 세상을 구호하여 제일가는 복전福田이 되는 장
엄이 있다. 또 부처님은 일체 중생을 불쌍히 여기고 이익하
게 하여 한량없는 복덕과 지혜의 무더기를 증장케 하는 대
자대비의 공덕 장엄으로 장엄하였다. 부처님은 이와 같은 열
가지 가장 수승하고 더없는 장엄으로 장엄하였다.

8) 부처님의 자재自在를 답하다

(1) 부처님의 열 가지 자재한 법

불자 제불세존 유십종자재법 하등
佛子야 諸佛世尊이 有十種自在法하시니 何等이

위십 소위일체제불 어일체법 실득자재
爲十고 所謂一切諸佛이 於一切法에 悉得自在하사

명달종종구신미신 연설제법 변재무애
明達種種句身味身하야 演說諸法에 辯才無礙가

시위제불 제일자재법
是爲諸佛의 第一自在法이요

"불자여, 모든 부처님 세존께는 열 가지 자재한 법이
있으니, 무엇이 열인가. 이른바 일체 모든 부처님이 일
체 법에 모두 자유자재하여 갖가지 구절의 무더기와 의
미의 무더기[句身味身]를 분명하게 통달하며 모든 법을 연
설하는 데 변재가 걸림이 없나니, 이것이 모든 부처님
의 첫째 자재한 법이니라."

모든 부처님이 일체 법에 자유자재하여 갖가지 구절의 무
더기와 의미의 무더기[句身味身]를 분명하게 통달하였다는 것

은 무엇을 말하는가. 예컨대 "제행은 무상하다."라고 하면 '제행'이라는 글귀와 '무상'이라는 글귀가 한 무더기를 만들어 한 가지 법을 나타낸 것이다. 또 '제행'이라는 뜻과 '무상'이라는 뜻이 한 무더기를 이루어 하나의 법을 나타내었기 때문에 그렇게 부른다. 이와 같이 모든 법을 연설함에 변재가 자재하여 걸림이 없다.

一切諸佛이 教化衆生에 未曾失時하야 隨其願
樂하야 爲說正法하사 咸令調伏하야 無有斷絶이 是
爲諸佛의 第二自在法이요

"일체 모든 부처님이 중생을 교화하되 시기를 놓치지 않고 그들의 소원을 따라 바른 법을 설하여 모두 조복하되 사이가 끊어지지 않게 하나니, 이것이 모든 부처님의 둘째 자재한 법이니라."

보통의 중생들은 어떤 일을 함에 있어서 언제나 때를 놓치고 말지만 부처님은 중생을 교화하는 데 결코 그 때를 놓치지 않는다.

一切諸佛이 能令盡虛空界無量無數種種莊
嚴한 一切世界로 六種震動하야 令彼世界로 或擧
或下하며 或大或小하며 或合或散호대 未曾惱害於
一衆生이 其中衆生이 不覺不知하며 無疑無怪가
是爲諸佛의 第三自在法이요

"일체 모든 부처님이 온 허공에 가득하여 한량없고 수없는 갖가지로 장엄한 일체 세계를 여섯 가지로 진동케 하는데, 저 세계들을 들어올리고 아래로 내리고, 크게 하고 작게 하고, 한데 합하고 각각 흩어지게 하되 한 중생도 시끄럽게 하지 않으며, 그 안에 있는 중생들도 느끼지 못하고 알지 못하며, 의심도 없고 놀라지도 않나니, 이것이 모든 부처님의 셋째 자재한 법이니라."

흔히 부처님이 법을 설하시면 그 감동을 표현하는 데 있어서 6종 18상으로 진동한다고 하였다. 그것은 육근과 육진과 육식이 큰 감동과 깨달음이 있음을 상징적으로 나타낸 말이다. 모든 부처님은 언제나 큰 감동으로 인하여 온 우주가 흔들리듯 하지만 중생들에게는 미동도 없어 깨닫지 못하고 알지 못한다. 중생들이 어찌 부처님의 정신세계를 짐작이나 하겠는가.

일체제불 이신통력 실능엄정일체세계
一切諸佛이 以神通力으로 悉能嚴淨一切世界

어일념경 보현일체세계장엄 차제장
하사 於一念頃에 普現一切世界莊嚴하시니 此諸莊

엄 경무수겁 설불능진 실개이염 청
嚴이 經無數劫토록 說不能盡이라 悉皆離染하야 淸

정무비   일체불찰엄정지사   개령평등
淨無比어든 一切佛刹嚴淨之事를 皆令平等하야

입일찰중   시위제불   제사자재법
入一刹中이 是爲諸佛의 第四自在法이요

"일체 모든 부처님이 신통한 힘으로 일체 세계를 깨
끗하게 장엄하는데, 잠깐 동안에 일체 세계의 장엄을
두루 나타내며, 이 모든 장엄을 한량없는 겁이 다하도
록 말하더라도 다할 수 없으며, 모두 물들지 아니하고
비길 데 없이 청정하며, 일체 세계의 장엄한 일이 다 평
등하게 한 세계 안에 들어가게 하나니, 이것이 모든 부
처님의 넷째 자재한 법이니라."

일체 세계를 청정하게 장엄하는데 특별한 도구나 장치를
시설하고 꾸며서 하는 것이 아니다. 현재에 있는 모습 그대
로를 조금도 변형시키지 않은 상태에서 보고 느끼는 사람의
안목으로 표현한 것이다. 모든 부처님에게는 이 세상 그대
로가 극락정토이며 화장장엄세계이지만 삼독에 찌든 중생
은 극락정토로 보지 못하고 화장장엄세계로 보지 못할 뿐
이다.

일체 제불　　견일 중생　　응수화 자　　　위 기 주
一切諸佛이 見一衆生의 應受化者하고 爲其住

수　　　경불가설불가설겁　　　내 지진 미 래제
壽하사 經不可說不可說劫하며 乃至盡未來際토록

결 가 부 좌　　　신 심 무 권　　　전 심 억 념　　　미 증
結跏趺坐하사대 身心無倦하야 專心憶念하사 未曾

폐 망　　　방 편 조 복　　　이 불 실 시　　　여 위 일 중
廢忘하고 方便調伏하야 而不失時하나니 如爲一衆

생　　　위 일 체 중 생　　　실 역 여 시　　　시 위 제 불　　　제
生하야 爲一切衆生도 悉亦如是가 是爲諸佛의 第

오 자 재 법
五自在法이요

　　"일체 모든 부처님이 교화를 받을 만한 한 중생을 보
고는 그를 위하여 말할 수 없이 말할 수 없는 겁 동안
에 살아 계시며[住壽], 오는 세월이 끝날 때까지 가부좌
하고 앉아서 몸이나 마음이 게으르지 않으며, 전심專心
으로 생각하여 잊지 아니하고 방편으로 조복하되 때를
놓치지 아니하며, 한 중생을 위함과 같이 일체 중생을
위하여서도 또한 그와 같이 하나니, 이것이 모든 부처
님의 다섯째 자재한 법이니라."

부처님은 한 중생을 교화하기 위해서 무수한 세월을 살면서 그를 잊지 않고 온갖 방편으로 조복하되 그 기회를 놓치지 않는다. 어떤 특정한 사람을 위해서가 아니라 일체 중생 한 사람 한 사람을 위해서 일일이 다 그렇게 한다. 어찌 법회에 사람이 많고 적음을 탓하겠는가.

一切諸佛이 悉能徧往一切世界一切如來所

行之處하사대 而不暫捨하며 一切法界가 十方各別

한 一一方에 有無量世界海하고 一一世界海에 有

無量世界種이어든 佛以神力으로 一念咸到하사 轉

於無礙淸淨法輪이 是爲諸佛의 第六自在法이요

"일체 모든 부처님이 일체 세계에 있는 일체 여래의 수행하던 곳에 두루 가서 잠깐도 버리지 아니하며, 일체 법계에 시방이 각각 다르고, 낱낱 방위마다 한량없

는 세계 바다가 있고, 낱낱 세계 바다에 한량없는 세계
종世界種이 있는데 부처님이 신통한 힘으로 잠깐 동안에
모두 이르러 가서 걸림 없고 청정한 법륜을 굴리나니,
이것이 모든 부처님의 여섯째 자재한 법이니라.”

시방세계가 이와 같이 넓고 넓은데 부처님은 어느 한 작
고 특별한 곳도 버리지 않고 한순간에 일일이 다 가서 걸림
이 없는 청정한 법륜을 굴린다. 부처님이 남겨두고 제외한
곳은 있을 수 없다. 장소를 그렇게 하듯이 낱낱 중생도 마
찬가지다. 어느 누구도 부처님이 남겨두거나 제외한 중생은
없다. 참으로 불가사의하다고밖에 달리 설명할 길이 없다.

일체 제불   위 욕 조 복 일 체 중 생   염 념 중
一切諸佛이 爲欲調伏一切衆生하사 念念中에

성 아 뇩 다 라 삼 먁 삼 보 리   이 어 일 체 불 법
成阿耨多羅三藐三菩提하사대 而於一切佛法에

비 이 현 각   역 비 당 각   역 부 주 어 유 학 지 지
非已現覺이며 亦非當覺이며 亦不住於有學之地하고

이 실 지 견　　　통 달 무 애　　　무 량 지 혜　　무 량 자
而悉知見하야 通達無礙하사 無量智慧와 無量自

재　　교 화 조 복 일 체 중 생　시 위 제 불　 제 칠 자 재
在로 敎化調伏一切衆生이 是爲諸佛의 第七自在

법
法이요

"일체 모든 부처님이 일체 중생을 조복하기 위하여
생각 생각마다 아뇩다라삼먁삼보리를 이루지마는, 일
체 부처님의 법에 대하여 이미 깨닫지도 않았고 장차
깨닫지도 않으며, 또한 배우는 지위에 있지도 아니하면
서 모두 보고 알아서 통달하여 걸림이 없으며, 한량없
는 지혜와 한량없는 자유자재로 일체 중생을 교화하고
조복하나니, 이것이 모든 부처님의 일곱째 자재한 법이
니라."

진실로 깨달은 부처님에게는 일체 불법을 깨달은 바도 없
으며 앞으로 깨달을 일도 없다. 무슨 특별히 배우는 지위에
있겠는가. 그러나 모두 일체 법을 보고 알아서 통달하여 걸림
이 없으며, 한량없는 지혜와 한량없는 자유자재로 일체 중생

을 교화하고 조복한다. 실로 부처님 세계는 불가사의하다.

一切諸佛이 能以眼處로 作耳處佛事하며 能以
耳處로 作鼻處佛事하며 能以鼻處로 作舌處佛事
하며 能以舌處로 作身處佛事하며 能以身處로 作意
處佛事하며 能以意處로 於一切世界中에 住世出
世間種種境界하사 一一境界中에 能作無量廣大
佛事가 是爲諸佛의 第八自在法이요

"일체 모든 부처님이 능히 눈으로써 귀로 하는 불사
佛事를 짓고, 귀로써 코로 하는 불사를 짓고, 코로써 혀
로 하는 불사를 짓고, 혀로써 몸으로 하는 불사를 짓고,
몸으로써 뜻으로 하는 불사를 지으며, 능히 뜻으로써
일체 세계에서 세간과 출세간의 갖가지 경계에 머무르

며, 낱낱 경계에서 한량없이 광대한 불사를 짓나니, 이 것이 모든 부처님의 여덟째 자재한 법이니라."

육근호용六根互用이라는 말이 있다. 일체 부처님의 세계에 서는 눈과 귀와 코와 혀 등을 서로서로 같이 작용한다. 예컨 대 손이 없는 사람이 입이나 발로써 손을 대신하여 그림을 그리거나 물건을 집는 일이다. 청량스님은 소에서, "업이 자 유자재한 것이다. 육근을 호용하여 광대하게 불사를 하는 것이 이것이 부처님의 업[佛業]인 까닭이다. 그러나 고치거나 바꾸지 아니하였으며 하나의 근도 변하지 않은 채 본래 갖 춘 까닭이다."[3] 라고 하였다.

일 체 제 불　　기 신 모 공　　일 일 능 용 일 체 중 생
一切諸佛이 其身毛孔에 一一能容一切衆生하사

일 일 중 생　　기 신 실 여 불 가 설 제 불 찰 등　　이 무
一一衆生이 其身悉與不可說諸佛刹等호대 而無

---

3) 《八》業自在：六根互用廣大佛事是佛業故. 然非改轉. 一根不變本來具故.

박애 일일중생 보보능과무수세계 여시
迫隘하며 一一衆生이 步步能過無數世界하야 如是

전전진무수겁 실견제불 출현어세 교
展轉盡無數劫토록 悉見諸佛이 出現於世하사 敎

화중생 전정법륜 개시과거미래현재불
化衆生하사 轉淨法輪하야 開示過去未來現在不

가설법 진허공계일체중생 제취수신위의
可說法하며 盡虛空界一切衆生의 諸趣受身威儀

왕래 급기소수종종낙구 개실구족 이어
往來와 及其所受種種樂具가 皆悉具足호대 而於

기중 무소장애 시위제불 제구자재법
其中에 無所障礙가 是爲諸佛의 第九自在法이요

"일체 모든 부처님이 몸에 있는 모공마다 낱낱이 일
체 중생을 수용하였으며, 낱낱 중생마다 그 몸이 말할
수 없는 여러 세계와 동등하지마는 비좁지 아니하며, 낱
낱 중생이 한 걸음 한 걸음마다 무수한 세계를 지나가
되 이와 같이 수없는 겁 동안 가면서 모든 부처님이 세
상에 태어나고 중생을 교화하고 청정한 법륜을 굴리며
과거 미래 현재의 말할 수 없는 법을 열어 보이는 것을
모두 보며, 온 허공에 있는 일체 중생들이 여러 갈래에

태어나는 일과 행동하는 위의와 오고 가는 일과 그들이 사용하는 여러 가지 도구를 모두 구족한 것을 보지마는 그 가운데 조금도 장애가 없나니, 이것이 모든 부처님의 아홉째 자재한 법이니라."

부처님의 모공 안에 있는 일체 중생들의 몸은 크기가 무수한 세계와 같아도 결코 비좁지 않다. 그와 같은 낱낱 중생들이 걸음 걸음마다 무수한 세계를 지나가되 이와 같이 수없는 겁 동안 가면서 모든 부처님이 세상에 태어나서 중생을 교화하고 청정한 법륜을 굴리며 과거 미래 현재의 말할 수 없는 법을 열어 보이는 것을 모두 다 본다. 모공 안에서 하는 일이 모공 밖에서 하는 일과 꼭 같다. 이것은 무슨 이치인가? 부처님과 모공과 일체 중생과 세계와 세계에서 이뤄지고 있는 모든 일들이 하나인가? 다른 것인가? 공한 것인가? 존재하는 것인가? 1초라는 시간에 모든 겁이 다 같이 있고 먼지 하나에 온 우주법계가 다 같이 있다.

예컨대 잠깐의 꿈속에서 작은 먼지라고 해서 그 먼지 하나를 제외하고 꿈속의 모든 세상이 그대로 있을 수 있겠는

가. 1초라는 짧은 시간이라고 해서 그 1초를 제외하고 무량한 겁이 성립될 수 있겠는가.

일체제불 어일념경 현일체세계미진수
一切諸佛이 於一念頃에 現一切世界微塵數

불 일일불 개어일체법계중묘련화광대장
佛하사 一一佛이 皆於一切法界衆妙蓮華廣大莊

엄세계연화장사자좌상 성등정각 시현제
嚴世界蓮華藏獅子座上에 成等正覺하사 示現諸

불 자재신력
佛自在神力이어시든

"일체 모든 부처님이 한 생각 동안에 온갖 세계의 작은 먼지 수같이 많은 부처님을 나타내고, 낱낱 부처님이 일체 법계의 묘한 연꽃 위에 있는 광대하게 장엄한 세계에서 연화장蓮華藏 사자좌에 앉아서 평등한 정각을 이루어 모든 부처님의 자유자재한 신통의 힘을 나타내었느니라."

여어중묘련화광대장엄세계   여시어일체
如於衆妙蓮華廣大莊嚴世界하야 如是於一切

법계중불가설불가설종종장엄   종종경계
法界中不可說不可說種種莊嚴과 種種境界와

종종형상   종종시현   종종겁수   청정세계
種種形相과 種種示現과 種種劫數인 淸淨世界하고

"묘한 연꽃 위에 있는 광대하게 장엄한 세계에서와 같이 일체 법계에 있는 말할 수 없이 말할 수 없는 갖가지 장엄과 갖가지 경계와 갖가지 형상과 갖가지 나타냄과 갖가지 겁의 청정한 세계에서도 그러하였느니라."

여어일념   여시어무량무변아승지겁일체
如於一念하야 如是於無量無邊阿僧祇劫一切

념중   일념일체현   일념무량주   이미증
念中에 一念一切現하며 一念無量住하사대 而未曾

용소방편력   시위제불   제십자재법
用少方便力이 是爲諸佛의 第十自在法이니라

"한 생각 동안에서와 같이 이와 같이 한량없고 그지없는 아승지 겁의 일체 생각 동안에도 그러하며, 한 생각 동안에 일체 것을 나타내고 한 생각 동안에 한량없이 머물지마는 그러나 일찍이 조그만 방편의 힘도 쓰지 아니하나니, 이것이 모든 부처님의 열째 자재한 법이니라."

부처님의 자유자재한 법의 열 번째는 일체 모든 부처님이 한 생각 동안에 온갖 세계의 작은 먼지 수같이 많은 부처님을 나타내고, 낱낱 부처님이 일체 법계의 묘한 연꽃 위에 있는 광대하게 장엄한 세계에서 연화장 사자좌에 앉아서 평등한 정각을 이루어 모든 부처님의 자유자재한 신통의 힘을 나타내는 것이다. 또 한 생각 동안에서와 같이 이와 같이 한량없고 그지없는 아승지 겁의 일체 생각 동안에도 그러하며, 한 생각 동안에 일체 것을 나타내고, 한 생각 동안에 한량없이 머물지마는 그러나 일찍이 조그만 방편의 힘도 쓰지 아니한다. 진여자성 부처님의 불가사의한 능력은 이와 같다.

(2) 열 가지 원만한 불법佛法

불자   제불세존   유십종무량부사의원만
佛子야 **諸佛世尊**이 **有十種無量不思議圓滿**

불법   하등   위십   소위일체제불   일일정
佛法하시니 **何等**이 **爲十**고 **所謂一切諸佛**이 **一一淨**

상   개구백복   일체제불   개실성취일체불
相에 **皆具百福**하며 **一切諸佛**이 **皆悉成就一切佛**

법
法하며

"불자여, 모든 부처님 세존께는 열 가지 한량없고 헤
아릴 수 없는 원만한 부처님의 법이 있나니, 무엇이 열
인가. 이른바 일체 모든 부처님이 깨끗한 낱낱 형상마
다 백 가지 복을 갖추었으며, 일체 모든 부처님이 일체
부처님의 법을 모두 성취하였느니라."

일체제불   개실성취일체선근   일체제불
一切諸佛이 **皆悉成就一切善根**하며 **一切諸佛**이

개실성취일체공덕   일체제불   개능교화일
皆悉成就一切功德하며 **一切諸佛**이 **皆能教化一**

체 중 생　　일 체 제 불　　개 실 능 위 중 생 작 주
切衆生하며 一切諸佛이 皆悉能爲衆生作主하며

"일체 모든 부처님이 일체 선근을 모두 이루었으며,
일체 모든 부처님이 온갖 공덕을 모두 성취하였으며, 일
체 모든 부처님이 일체 중생을 모두 교화하며, 일체 모
든 부처님이 모두 중생들의 주인이 되느니라."

일 체 제 불　　개 실 성 취 청 정 불 찰　　일 체 제 불
一切諸佛이 皆悉成就淸淨佛刹하며 一切諸佛이

개 실 성 취 일 체 지 지　　일 체 제 불　　개 실 성 취 색
皆悉成就一切智智하며 一切諸佛이 皆悉成就色

신 상 호　　　　견 자 획 익　　공 부 당 연　　일 체 제 불
身相好하사 見者獲益하야 功不唐捐하며 一切諸佛

개 구 제 불 평 등 정 법　　일 체 제 불　　작 불 사 이
이 皆具諸佛平等正法하며 一切諸佛이 作佛事已에

막 불 시 현 입 어 열 반　　시 위 십
莫不示現入於涅槃이 是爲十이니라

"일체 모든 부처님이 청정한 세계를 모두 성취하였
으며, 일체 모든 부처님이 일체 지혜의 지혜를 모두 성

취하였으며, 일체 모든 부처님이 육신의 잘생긴 몸매를 성취하여 보는 이마다 이익을 얻어 헛되지 아니하며, 일체 모든 부처님이 모든 부처님의 평등한 바른 법을 갖추었으며, 일체 모든 부처님이 이 불사를 짓고 나서 열반에 듦을 나타내 보이지 않는 이가 없나니, 이것이 열이니라."

부처님의 불가사의한 일 가운데 열 가지 한량없고 헤아릴 수 없는 원만한 부처님의 법이 있다. 부처님의 깨끗한 낱낱 형상마다 백 가지 복을 갖추었으며, 일체 부처님의 법을 모두 성취하였으며, 일체 선근을 모두 성취하였으며, 온갖 공덕을 모두 성취하였으며, 일체 중생을 모두 교화하며, 모두 중생들의 주인이 되며, 청정한 세계를 모두 성취하였으며, 일체 지혜의 지혜를 모두 성취하였으며, 육신의 잘생긴 몸매를 성취하여 보는 이마다 이익을 얻어 헛되지 아니하며, 모든 부처님의 평등한 바른 법을 갖추었으며, 이 불사를 짓고 나서 열반에 듦을 나타내 보이지 않는 이가 없다. 이것이 열가지 한량없고 불가사의한 원만한 부처님의 법이다.

(3) 열 가지 훌륭한[善巧] 방편

불자 제불세존 유십종선교방편 하
佛子야 **諸佛世尊**이 **有十種善巧方便**하시니 **何**

등 위십 일체제불 요지제법 개이희론
等이 **爲十**고 **一切諸佛**이 **了知諸法**이 **皆離戲論**하사대

이능개시제불선근 시위제일선교방편
而能開示諸佛善根이 **是爲第一善巧方便**이요

"불자여, 모든 부처님 세존께는 열 가지 훌륭한 방편이 있느니라. 무엇이 열인가. 이른바 일체 모든 부처님이 모든 법이 다 부질없는 말[戲論]을 여읜 줄을 알지만 모든 부처님의 착한 뿌리를 능히 열어 보이나니, 이것이 첫째 훌륭한 방편이니라."

열 가지 훌륭한 방편 중 모든 법이 희론戲論을 떠났다는 것에서 희론이란 희롱으로 하는 담론談論이다. 부질없이 희롱하는 아무 뜻도 이익도 없는 말이다. 여기에는 사물에 집착하는 미혹한 마음으로 하는 여러 가지 옳지 못한 언론言論인 애론愛論과 여러 가지 치우친 소견으로 하는 의론議論인 견론見論의 2종이 있다. 둔근인鈍根人은 애론, 이근인利根人은 견

론, 재가인在家人은 애론, 출가인出家人은 견론, 천마天魔는 애론, 외도外道는 견론, 범부凡夫는 애론, 2승乘은 견론을 고집한다.

부처님의 불가사의한 법은 일체 법이 이와 같은 희론을 떠나서 어떤 법도 설할 것이 없는 줄을 알면서 모든 부처님의 착한 뿌리를 설하여 능히 열어 보인다. 부처님의 착한 뿌리를 열어 보인다는 것은 곧 희론이다. 이와 같이 희론을 떠난 데서 다시 착한 뿌리를 설하는 것, 이것이 부처님의 훌륭한 방편이다. 그래서 청량스님은 소에서, "진실은 말을 떠나고 동요하는 희론을 끊은 줄 알지만 방편을 일으켜서 선근을 열어 보인다. 그러므로 자재함이 된다."[4] 라고 하였다.

일체제불   지일체법   실무소견   각불상
一切諸佛이 知一切法이 悉無所見하야 各不相

지   무박무해   무수무집   무성취자재
知하야 無縛無解하며 無受無集하며 無成就自在하야

---

4) ≪一≫知實離言, 絶動搖之戲論. 而起權開示善根, 故爲自在.

구경도어피안　　연어제법　　진실이지　　불
究竟到於彼岸이나 **然於諸法**에 **眞實而知**하사 **不**

이불별　　이득자재　　무아무수　　불괴실제
異不別하야 **而得自在**하며 **無我無受**하야 **不壞實際**

이 득 지 어 대 자 재 지　　상 능 관 찰 일 체 법 계
하며 **已得至於大自在地**하야 **常能觀察一切法界**가

시 위 제 이 선 교 방 편
是爲第二善巧方便이요

　"일체 모든 부처님이 일체 법을 보는 바도 없고 각
각 서로 알지도 못하며, 얽힘도 없고 풀림도 없으며, 받
음도 없고 모임도 없으며, 성취하고 자재함도 없어 구
경에 저 언덕에 이를 것을 알지마는, 그러나 모든 법에
대하여 진실하게 알아 다르지도 않고 차별하지도 않아
서 자유자재함을 얻었으며, 나[我]도 없고 받음도 없으
면서 실제를 깨뜨리지도 않으며, 이미 크게 자유자재한
곳에 이르러 항상 일체 법계를 관찰하나니, 이것이 둘
째 훌륭한 방편이니라."

　부처님은 일체 법을 보는 바도 없고 각각 서로 알지도 못
하며, 얽힘도 없고 풀어지는 등도 없음을 안다. 그래서 어떤

법에도 걸림이 없이 진실을 밝게 아는 큰 자재함에 이른다.

청량스님은 소에서, "진실을 증득하여 보는 바가 없어 법에 걸리지 아니하고 진실을 밝게 알아 속박도 없고 풀어짐도 없어서 큰 자재에 이른다."[5] 라고 하였다.

一切諸佛이 永離諸相하사 心無所住하사대 而能

悉知하야 不亂不錯하며 雖知一切相이 皆無自性이나

而如其體性하야 悉能善入하며 而亦示現無量色

身과 及以一切淸淨佛土의 種種莊嚴無盡之相하사

集智慧燈하야 滅衆生惑이 是爲第三善巧方便이요

"일체 모든 부처님이 여러 가지 형상을 아주 여의어 마음이 머무는 데 없으나 능히 다 알아서 어지럽지도

---

5) 《二》證實無能所見, 而不礙於法, 眞實知見. 無縛無解而至大自在.

않고 그릇되지도 않으며, 비록 일체 형상이 제 성품이 없는 줄을 알지마는 그 자체의 성품과 같이 다 능히 잘 들어가며, 그러면서도 또한 한량없는 육신과 일체 청정한 국토의 갖가지로 장엄한 다함이 없는 모양을 나타내 보이며 지혜의 등불을 모아서 중생의 의혹을 없애나니, 이것이 셋째 훌륭한 방편이니라."

부처님의 셋째 훌륭한 방편을 청량스님은 소에서, "상이 없는 데서 상을 알고 성품이 없는 데서 성품에 들어가서 또한 능히 의보依報와 정보正報를 고르게 냄을 나타내 보인다."[6]라고 하였다. 경문에서 밝힌 "한량없는 육신과 일체 청정한 국토의 갖가지로 장엄한 다함이 없는 모양을 나타내 보인다."는 것이 곧 그것이다.

일 체 제 불　　주 어 법 계　　　부 주 과 거 미 래 현 재
一切諸佛이 住於法界하사 不住過去未來現在

---

6) 《三》無相知相. 無性入性. 亦能示現依正調生.

하시니 **如如性中**에 **無去來今三世相故**로대 **而能演**
여여성중 무거래금삼세상고 이능연

說去來今世無量諸佛이 **出現世間**하사 **令其聞者**
설거래금세무량제불 출현세간 영기문자

로 **普見一切諸佛境界**가 **是爲第四善巧方便**이요
보견일체제불경계 시위제사선교방편

"일체 모든 부처님이 법계에 머무르면서 과거와 미래와 현재에 머무르지 아니하나니, 진여와 같은 성품에는 과거 미래 현재의 세 세상의 모양이 없는 연고이니라. 그러면서도 과거 미래 현재의 한량없는 모든 부처님이 세간에 나타나시는 일을 연설하여 듣는 이로 하여금 일체 모든 부처님의 경계를 널리 보게 하나니, 이것이 넷째 훌륭한 방편이니라."

모든 부처님은 법계에 머무르면서 과거와 미래와 현재에 머무르지 않는다. 진여와 같은 성품에는 과거 미래 현재의 세 세상의 모양이 없기 때문이다. 진여는 모든 시간을 초월했기 때문이다. 그러면서 과거 미래 현재의 한량없는 모든 부처님이 세간에 나타나시는 일을 연설한다. 없는 데 치우

치지 않고 있는 데 치우치지도 않기 때문이다. 이 또한 부처님의 훌륭한 선교방편이다.

一切諸佛_이 身語意業_이 無所造作_{하사} 無來無
去_{하며} 亦無有住_{하야} 離諸數法_{하야} 到於一切諸法
彼岸_{이나} 而爲衆法藏_{하야} 具無量智_{하며} 了達種種
世出世法_{하야} 智慧無礙_{하며} 示現無量自在神力_{하야}
調伏一切法界衆生_이 是爲第五善巧方便_{이요}

"일체 모든 부처님이 몸과 말과 뜻으로 짓는 업이 조작함이 없고 오고 감도 없고, 또한 머무름도 없고, 모든 수효의 법을 떠나서 일체 모든 법의 저 언덕에 이르지마는, 여러 법의 광[藏]이 되고 한량없는 지혜를 갖추며, 가지가지 세간과 출세간의 법을 분명히 알아 지혜가 걸림이 없으며, 한량없이 자유자재한 신통력을 나타내어 일체 법계의 중생을 조복하나니, 이것이 다섯째 훌륭한 방편이니라."

　일체 모든 부처님이 몸과 말과 뜻으로 짓는 업이 조작함이 없고 오고 감도 없고, 또한 머무름도 없고, 모든 수효의 법을 떠났으나 다시 한량없는 지혜를 갖추며, 가지가지 세간과 출세간의 법을 분명히 알아 지혜가 걸림이 없으며, 한량없이 자유자재한 신통력을 나타내어 일체 법계의 중생을 조복함을 잘 나타내는 것, 이것이 다섯째 훌륭한 선교방편이다. 청량스님은 소에서, "몸과 말과 뜻의 삼업이 텅 비어 맑지만[湛然] 일체 삼업의 작용을 다 포함하여 나타내 보인다." [7] 라고 하였다.

일체 제 불　지 일체 법 불 가 견　　비 일 비 이
一切諸佛이 知一切法不可見하야 非一非異며

비 량 비 무 량　　비 래 비 거　　개 무 자 성　　　역 불 위
非量非無量이며 非來非去라 皆無自性호대 亦不違

----

7) ≪五≫三業湛然而包含示現.

어 세 간 제 법　　일 체 지 자　　무 자 성 중　　견 일 체
於世間諸法하사 **一切智者**가 **無自性中**에 **見一切**

법　　어 법 자 재　　광 설 제 법　　　이 상 안 주 진
法하사 **於法自在**하야 **廣說諸法**하사대 **而常安住眞**

여 실 성　　시 위 제 육 선 교 방 편
如實性이 **是爲第六善巧方便**이요

"일체 모든 부처님이 일체 법을 볼 수도 없고, 하나
도 아니고 다르지도 않으며, 한량 있는 것도 아니고 한
량없는 것도 아니며, 오는 것도 아니고 가는 것도 아니
라 모두 자성이 없으면서도 또한 세간의 모든 법을 어
기지 아니함을 알며, 일체 지혜 있는 이가 자기의 성품
이 없는 데서 일체 법을 보고 법에 자재하여 여러 가지
법을 널리 연설하면서도 진여의 참성품에 항상 머무나
니, 이것이 여섯째 훌륭한 방편이니라."

지혜 있는 이는 자기의 성품이 없는 데서 일체 법을 보고,
법에 자재하여 여러 가지 법을 널리 연설하면서도 진여의 참
성품에 항상 머문다. 불법의 핵심은 진여의 참성품에 항상
머물면서 법에 자재하여 여러 가지 법을 널리 연설하여 일체

중생을 널리 교화하고 조복하는 것이다.

일체제불　　어일시중　　지일체시　　구정선
一切諸佛이 於一時中에 知一切時하사 具淨善

근　　입어정위　　이무소착　　어기일월년
根하야 入於正位하사대 而無所着하사 於其日月年

겁성괴여시등시　　부주불사　　이능시현약주
劫成壞如是等時에 不住不捨하고 而能示現若晝

약야　　초중후시　　일일칠일　　반월일월　　일년
若夜의 初中後時와 一日七日과 半月一月과 一年

백년　　일겁다겁　　불가사겁　　불가설겁　　내지
百年과 一劫多劫과 不可思劫과 不可說劫과 乃至

진어미래제겁　　항위중생　　전묘법륜
盡於未來際劫하사 恒爲衆生하야 轉妙法輪하사대

부단불퇴　　무유휴식　　시위제칠선교방편
不斷不退하야 無有休息이 是爲第七善巧方便이요

"일체 모든 부처님이 한 시간에 일체 시간을 알고 청
정한 선근을 갖추어 바른 자리[正位]에 들어갔으나 집착
함이 없으며, 날과 달과 해와 겁이 이뤄지고 무너지는

이와 같은 등 시간에 머물지 않고 버리지 않으면서도, 낮과 밤과 처음과 중간과 나중과 하루와 이레와 반 달과 한 달과 일 년과 백 년과 한 겁과 여러 겁과 생각할 수 없는 겁과 말할 수 없는 겁과 내지 오는 세월이 끝날 때까지 항상 중생을 위하여 미묘한 법륜을 굴리되 끊이지도 않고 물러나지도 않아서 쉬지 아니하나니, 이것이 일곱째 훌륭한 방편이니라."

모든 부처님은 모든 시간의 길고 짧음이 서로서로 융섭融攝함을 안다. 즉 일념이 곧 무량겁이고 무량겁이 곧 일념이라는 것이다. 그러므로 낮과 밤과 처음과 중간과 나중과 하루와 이레와 반 달과 한 달과 일 년과 백 년 등 오는 세월이 끝날 때까지 항상 중생을 위하여 미묘한 법륜을 굴리되 끊이지도 않고 물러나지도 않아서 쉬지 아니한다. 이것이 부처님의 불가사의한 훌륭한 선교방편이다.

일 체 제 불　　항 주 법 계　　　성 취 제 불　　무 량
一切諸佛이 恒住法界하사대 成就諸佛의 無量

무외 급불가수변 불가량변 무진변 무단
無畏와 及不可數辯과 不可量辯과 無盡辯과 無斷

변 무변변 불공변 무궁변 진실변 방편
辯과 無邊辯과 不共辯과 無窮辯과 眞實辯과 方便

개시일체구변 일체법변 수기근성 급이
開示一切句辯과 一切法辯하사 隨其根性과 及以

욕해 이종종법문 설불가설불가설백천
欲解하야 以種種法門으로 說不可說不可說百千

억나유타수다라 초중후선 개실구경 시
億那由他修多羅하사 初中後善에 皆悉究竟이 是

위제팔선교방편
爲第八善巧方便이요

　"일체 모든 부처님이 항상 법계에 머무르되 모든 부
처님의 한량없음과 두려움 없음과 셀 수 없는 변재와
요량할 수 없는 변재와 다함이 없는 변재와 끊이지 않
는 변재와 그지없는 변재와 함께하지 않는 변재와 무궁
한 변재와 진실한 변재와 방편으로 일체 구절을 열어
보이는 변재와 일체 법을 말하는 변재를 성취하여 근성
과 욕망을 따라 갖가지 법문으로써 말할 수 없이 말할
수 없는 백천억 나유타 경전을 연설하되 처음과 중간과

끝을 모두 잘하여 끝까지 이르나니, 이것이 여덟째 훌륭한 방편이니라."

부처님은 항상 한량없음과 두려움 없음과 열 가지 변재를 성취하여 중생들의 근성과 욕망을 따라 갖가지 법문으로써 말할 수 없이 말할 수 없는 백천억 나유타 경전을 연설한다. 처음도 좋고 중간도 좋고 끝도 좋아서 끝까지 이른다. 이것이 또한 부처님의 불가사의한 훌륭한 선교방편이다.

일체제불 주정법계 지일체법 본무명
一切諸佛이 住淨法界하사 知一切法이 本無名

자 무과거명 무현재명 무미래명 무
字하야 無過去名하며 無現在名하며 無未來名하며 無

중생명 무비중생명 무국토명 무비국
衆生名하며 無非衆生名하며 無國土名하며 無非國

토명 무법명 무비법명 무공덕명 무
土名하며 無法名하며 無非法名하며 無功德名하며 無

비공덕명 무보살명 무불명 무수명
非功德名하며 無菩薩名하며 無佛名하며 無數名하며

무비수명   무생명   무멸명   무유명
無非數名하며 無生名하며 無滅名하며 無有名하며

무무명   무일명   무종종명
無無名하며 無一名하며 無種種名하나니

"일체 모든 부처님이 청정한 법계에 머물러서 일체
법이 본래부터 이름이 없음을 아나니, 과거의 이름도
없고 현재의 이름도 없고 미래의 이름도 없으며, 중생
의 이름도 없고 중생 아닌 이름도 없으며, 국토의 이름
도 없고 국토 아닌 이름도 없으며, 법의 이름도 없고 법
아닌 이름도 없으며, 공덕의 이름도 없고 공덕 아닌 이
름도 없으며, 보살의 이름도 없고 부처님의 이름도 없
으며, 수효의 이름도 없고 수효 아닌 이름도 없으며, 나
는[生] 이름도 없고 사라지는 이름도 없으며, 있는 이름
도 없고 없는 이름도 없으며, 한 가지 이름도 없고 여러
가지 이름도 없느니라."

일체 모든 부처님이 청정한 법계에 머무신다는 청정한 법
계란 텅 빈 법계며 법계가 법계가 아닌 법계다. 그러므로 본
래 이름이 없다는 사실을 안다. 본래 이름이 없으므로 과거

의 이름도 없고, 현재의 이름도 없고, 미래의 이름도 없으며,
중생의 이름도 없고, 중생 아닌 이름도 없는 등 일체 이름이
없다.

하이고　제법체성　불가설고　일체제법
何以故오 諸法體性이 不可說故라 一切諸法이

무방무처　불가집설　불가산설　불가일
無方無處하야 不可集說이며 不可散說이며 不可一

설　불가다설　음성막체　언어실단　수
說이며 不可多說이라 音聲莫逮하야 言語悉斷이니 雖

수세속　종종언설　무소반연　무소조작
隨世俗하야 種種言說이나 無所攀緣하며 無所造作

원리일체허망상착　여시구경　도어피
하야 遠離一切虛妄想着이니 如是究竟하야 到於彼

안　시위제구선교방편
岸이 是爲第九善巧方便이요

"왜냐하면 모든 법의 자체 성품은 말할 수 없는 연고
이니라. 일체 법이 방향도 없고 처소도 없으며, 모아서
말할 수도 없고 흩어서 말할 수도 없으며, 하나로 말할

수도 없고 여럿으로 말할 수도 없으며, 음성으로 미칠 수 없어 말이 끊어졌으므로 비록 세속을 따라서 여러 가지로 말하더라도 반연할 수 없고 지을 수 없으며, 일체 허망한 생각과 집착을 여의어서 이와 같이 구경에 저 언덕에 이르나니, 이것이 아홉째 훌륭한 방편이니라."

텅 빈 법계가 본래 이름이 없어서 일체 법이 모두 이름이 없는 까닭을 밝혔다. 모든 법의 자체 성품은 본래 말할 수 없기 때문이다. 본래 말할 수 없기 때문에 방향도 없고, 처소도 없으며, 모아서 말할 수도 없고, 흩어서 말할 수도 없음 등을 열거하였다. 그러므로 일체 허망한 생각과 집착을 여의어서 이와 같이 구경에 저 언덕에 이른다. 이것이 또한 부처님의 불가사의한 훌륭한 선교방편이다.

일체제불　　지일체법　　본성적정　　무생고
一切諸佛이 知一切法이 本性寂靜하야 無生故로

비색　　무희론고　　비수　　무명수고　　비상
非色이며 無戲論故로 非受며 無名數故로 非想이며

무조작고　비행　무집취고　비식　무입
無造作故로 非行이며 無執取故로 非識이며 無入

처고　비처　무소득고　비계　연역불괴일
處故로 非處며 無所得故로 非界나 然亦不壞一

체제법　본성무기　여허공고
切諸法하나니 本性無起하야 如虛空故니라

"일체 모든 부처님이 일체 법의 근본 성품이 고요함
을 아나니, 나는 것이 없으므로 물질이 아니고, 부질없
는 말이 없으므로 받아들임이 아니며, 이름과 숫자가
없으므로 생각이 아니고, 지음이 없으므로 지어 감[行]
이 아니며, 집착이 없으므로 의식이 아니고, 들어갈 데
가 없으므로 처소가 아니며, 얻을 것이 없으므로 경계
가 아니니라. 그러나 또한 일체 법을 파괴하지도 아니
하나니 본래의 성품이 일어나지 아니하여 허공과 같은
연고이니라."

모든 부처님은 일체 법의 근본 성품이 고요함[寂靜]을 안
다. 일체 법의 근본 성품이 고요하므로 색·수·상·행·식
의 오온五蘊이 아니다. 안·이·비·설·신· 의의 육입六入도

아니다. 12처處도 아니다. 18계界도 아니다. 오온과 육입으로 된 것은 소위 자아라는 거짓 아我다. 참나가 아니며, 차별이 있으므로 차별 없는 참사람이 아니다. 그러나 또한 일체 법을 파괴하지도 않는다. 본래의 성품이 일어나지 아니하여 허공과 같기 때문이다.

일체 제 법　　개 실 공 적　　무 업 과　　무 수 습
一切諸法이 皆悉空寂하야 無業果하며 無修習하며

무 성 취　　무 출 생　　비 수 비 불 수　　비 유 비 무
無成就하며 無出生하며 非數非不數며 非有非無며

비 생 비 멸　　비 구 비 정　　비 입 비 출　　비 주 비
非生非滅이며 非垢非淨이며 非入非出이며 非住非

부 주　　비 조 복 비 부 조 복　　비 중 생 비 무 중 생
不住며 非調伏非不調伏이며 非衆生非無衆生이며

비 수 명 비 무 수 명　　비 인 연 비 무 인 연
非壽命非無壽命이며 非因緣非無因緣이로대

"일체 모든 법이 다 공하고 고요하여 업과 과보가 없고 닦아 익힐 것도 없으며, 성취함도 없고 내는 것도 없으며, 수량도 아니고 수량 아님도 아니며, 있음도 아니

고 없음도 아니며, 나는 것도 아니고 사라짐도 아니며, 더럽지도 않고 깨끗하지도 않으며, 들어감도 아니고 나옴도 아니며, 머무름도 아니고 머물지 않음도 아니며, 조복함도 아니고 조복하지 않음도 아니며, 중생도 아니고 중생 없음도 아니며, 목숨도 아니고 목숨이 없음도 아니며, 인연도 아니고 인연이 없음도 아니지만,

이능요지정정사정   급부정취일체중생
而能了知正定邪定과 及不定聚一切衆生하사

위설묘법   영도피안   성취십력사무소외
爲說妙法하야 令到彼岸하사 成就十力四無所畏

능사자후   구일체지   주불경계   시위
하야 能獅子吼하며 具一切智하야 住佛境界가 是爲

제십선교방편   불자   시위제불   성취십종
第十善巧方便이니 佛子야 是爲諸佛의 成就十種

선교방편
善巧方便이니라

그러나 바로 결정한[正定] 중생과 잘못 결정한[邪定] 중생과 결정하지 못한 일체 중생을 분명히 알아서 미묘한

법을 설하여 저 언덕에 이르게 하며, 열 가지 힘과 네 가지 두려움 없음을 성취하여 능히 사자후하며, 일체 지혜를 갖추어 부처님의 경계에 머물게 하나니, 이것이 열째 교묘한 방편이니라. 불자여, 이것을 모든 부처님의 열 가지 훌륭한 방편을 성취함이라 하느니라."

일체 모든 법이 다 공하고 고요하여 업과 과보도 없고 닦아 익힐 것도 없으며, 성취함도 없고 내는 것도 없으며, 수량도 아니고 수량 아님 등도 아니지만 그러나 성불할 것을 바로 결정한 정정취正定聚 중생과 잘못 결정한 사정취邪定聚 중생과 결정하지 못한 일체 부정취不定聚 중생을 분명히 분별하여 알아서 그에 알맞은 미묘한 법을 설하여 모두 저 언덕에 이르게 한다. 저 언덕에 이르러 열 가지 힘과 네 가지 두려움 없음을 성취하여 능히 사자후하게 한다. 또 일체 지혜를 갖추어 부처님의 경계에 머물게 한다. 이것이 또한 부처님의 불가사의한 훌륭한 선교방편이다.

삼정취三定聚의 근기를 설하였는데 사람의 성질을 셋으로 나눈 것이다. 정정취正定聚는 불법에 향상하고 진전하여 결정코 성불할 종류를 말한다. 사정취邪定聚는 성불할 만한 소

질이 없어 더욱 타락하여 가는 종류를 말한다. 부정취不定聚는 연緣이 있으면 성불할 수 있고 연이 없으면 미혹에 빠질 일류一類로서 향상과 타락에 결정이 없는 중생의 근기를 말한다. 이 셋은 어느 경론에서도 인정하지만 선천적이냐 후천적이냐 또는 필연이냐 우연이냐에 대해서는 각기 견해가 다르다.

그러나 부처님의 불가사의한 힘은 그 모든 중생들의 상태를 분명하게 알아서 잘 분별하여 그에 알맞은 미묘한 법을 설하여 모두 저 언덕에 이르게 한다. 부처님의 불가사의한 법으로 교화하지 못하고 제도하지 못할 중생은 있을 수 없다. 만약 부처님의 법으로 제도하지 못할 중생이 있다면 불가사의한 법이 아니기 때문이다.

불부사의법품 1 끝

〈 제46권 끝 〉

華嚴經 構成表

分次	周次			內容	品數	會次
舉果勸樂生信分 (信)	所信因果周			如來依正	世主妙嚴品 第一 如來現相品 第二 普賢三昧品 第三 世界成就品 第四 華藏世界品 第五 毘盧遮那品 第六	初會
修因契果生解分 (解)	差別因果周	差別因		十信	如來名號品 第七 四聖諦品 第八 光明覺品 第九 菩薩問明品 第十 淨行品 第十一 賢首品 第十二	二會
				十住	昇須彌山頂品 第十三 須彌頂上偈讚品 第十四 十住品 第十五 梵行品 第十六 初發心功德品 第十七 明法品 第十八	三會
				十行	昇夜摩天宮品 第十九 夜摩天宮偈讚品 第二十 十行品 第二十一 十無盡藏品 第二十二	四會
				十廻向	昇兜率天宮品 第二十三 兜率宮中偈讚品 第二十四 十廻向品 第二十五	五會
				十地	十地品 第二十六	六會
				等覺	十定品 第二十七 十通品 第二十八 十忍品 第二十九 阿僧祇品 第三十 如來壽量品 第三十一 菩薩住處品 第三十二	七會
		差別果		妙覺	佛不思議法品 第三十三 如來十身相海品 第三十四 如來隨好光明功德品 第三十五	
	平等因果周	平等因			普賢行品 第三十六	
		平等果			如來出現品 第三十七	
托法進修成行分 (行)	成行因果周			二千行門	離世間品 第三十八	八會
依人證入成德分 (證)	證入因果周			證果法門	入法界品 第三十九	九會

（資料：文殊經典研究會）

會場	放光別	會主	入定別	說法別舉
菩提場	遮那放齒光眉間光	普賢菩薩爲會主	入毘盧藏身三昧	如來依正法
普光明殿	世尊放兩足輪光	文殊菩薩爲會主	此會不入定· 信未入位故	十信法
忉利天宮	世尊放兩足指光	法慧菩薩爲會主	入無量方便三昧	十住法門
夜摩天宮	如來放兩足趺光	功德林菩薩爲會主	入菩薩善思惟三昧	十行法門
兜率天宮	如來放兩膝輪光	金剛幢菩薩爲會主	入菩薩智光三昧	十廻向法門
他化天宮	如來放眉間毫相光	金剛藏菩薩爲會主	入菩薩大智慧光明三昧	十地法門
再會普光明殿	如來放眉間口光	如來爲會主	入刹那際三昧	等妙覺法門
三會普光明殿	此會佛不放光· 表行依解法依解光故	普賢菩薩爲會主	入佛華莊嚴三昧	二千行門
祇陀園林	放眉間白毫光	如來善友爲會主	入獅子頻申三昧	果法門

如天 無比

1943년 영덕에서 출생하였다. 1958년 출가하여 덕흥사, 불국사, 범어사를 거쳐 1964년 해인사 강원을 졸업하고 동국역경연수원에서 수학하였다. 10여 년 선원생활을 하고 1976년 탄허스님에게 화엄경을 수학하고 전법, 이후 통도사 강주, 범어사 강주, 은해사 승가대학원장, 대한불교조계종 교육원장, 동국역경원장, 동화사 한문불전승가대학원장 등을 역임하였다.

현재 부산 문수선원 문수경전연구회에서 150여 명의 스님과 250여 명의 재가 신도들에게 화엄경을 강의하고 있다. 또한 다음 카페 '염화실 (http://cafe.daum.net/yumhwasil)'을 통해 '모든 사람을 부처님으로 받들어 섬김으로써 이 땅에 평화와 행복을 가져오게 한다.'는 인불사상(人佛思想)을 펼치고 있다.

저서로 『법화경 법문』, 『신금강경 강의』, 『직지 강설』(전 2권), 『법화경 강의』(전 2권), 『신심명 강의』, 『임제록 강설』, 『대승찬 강설』, 『유마경 강설』, 『당신은 부처님』, 『사람이 부처님이다』, 『이것이 간화선이다』, 『무비 스님과 함께하는 불교공부』, 『무비 스님의 증도가 강의』, 『일곱 번의 작별인사』, 무비 스님이 가려 뽑은 명구 100선 시리즈(전 4권) 등이 있고 편찬하고 번역한 책으로 『화엄경(한글)』(전 10권), 『화엄경(한문)』(전 4권), 『금강경 오가해』 등이 있다.

대방광불화엄경 강설 제46권

| 초판 1쇄 발행_ 2016년 9월 22일
| 초판 2쇄 발행_ 2018년 3월 21일

| 지은이_ 여천 무비(如天 無比)
| 펴낸이_ 오세룡
| 편집_ 박성화 손미숙 정선경 이연희
| 기획_ 최은영
| 디자인_ 고혜정 김효선 장혜정
| 홍보 마케팅_ 이주하
| 펴낸곳_ 담앤북스
　　　　서울특별시 종로구 사직로8길 34 (내수동) 경희궁의 아침 3단지 926호
　　　　대표전화 02)765-1251 전송 02)764-1251 전자우편 damnbooks@hanmail.net
　　　　출판등록 제300-2011-115호
| ISBN　979-11-87362-29-6　04220

정가 14,000원